ハザマの思考

なぜ世界はニッポンのサブカルチャーに惹きつけられるのか

丸山俊一

講談社

はじめに――ハザマの時代の不思議な思考の旅

とても不思議で難しく、とても大変で面白い時代になったものだ。

過ぎ行く時の中での偽らざる実感だ。

今日もまた、何かと何かのハザマで、ぼんやりと考える。

リベラルアーツこそビジネスパーソンに必須と謳われ、経済にこそ倫理が必要と叫ばれる。人生のポートフォリオを描けるように幼少期からの金融リテラシーの養成を、との声も高まる。経済原理ばかりが社会を動かす中、民主主義の限界、分断の進行への危機感が語られ、その一方でＡＩに仕事は任せて、ワークライフバランス第一のウェルビーイングにいそしむ時代の到来も語られる。ＤＸ、メタバース……、ネットが世界をつないだグローバル化は、サブカルチャーのキャッチボールによって各国に豊かな花を咲かせつつも、同時に地球上の様々な都市のありようを無個性にフラット化させていくかのようにも見える。

政治も経済も社会も文化も、文学もサブカルチャーもねじれ錯綜する時代の中で、従来の枠組みが揺らぎ始める。そこに生まれるジャンルとジャンルの、事象と事象の狭間。いつも何かが起きているのは、ハザマなのだ。そしてそれらの問題は、未知の様相を示しているようでいながら、実は歴史の中に眠っている感性を掘り起こしてみたり、事態をナナメから眺めてみたり、むしろ正解を急ぐことなくモヤモヤを抱えたままに妄想の中に戯れてみたりすることで、手がかりが生まれてくるのではないか。

人はいつも分けたがる。分けることで、わかった気になりたがる。「聖」と「俗」、「硬」と「軟」、「難」と「易」……、日々直面する状況を時々刻々分類し、別々の引き出しにしまい込むことでひとまず安心する。同時にデジタルテクノロジー主導ですべてが加速度増して進む世の中の方からも、0か1かの二者択一を迫ってくる。

そんな時代にカメラを向け、映像という媒体で向き合うからこそ見えてくる風景もある。そもそも見る人によって様々な意味を生み出すこの媒体は、多義的にいつも乱反射し続ける。0か1かという整理を拒み続ける。編集というプロセスにあってもいつも思いは散り散りに乱れ、作り手の意図も、図らずも微妙にズレていく……という具体的な話は本文をお読みいただきたいところだ。

ズレ、葛藤、ジレンマ……、引き裂かれる思いとともに、その状況こそ楽しむべきだと腹が据わってきたのは三〇代に入った頃のことだろうか。以来、そこに生じたハザマの中にこそ、本質的な何かがあると思い始めた。奇しくもその頃から世はバブル崩壊、後に「失われた三〇年」と語られる時代となったわけだが、「下り坂」の時代だからこそ、社会の空気との向き合い方が大事になる。思い通りには進まない中から面白さを発見する。制作の現場でも、他者との対話でも、意図通りには進まない、すれ違いをむしろ楽しむようになり始めた。確信と懐疑のハザマには、実は心地よい風が流れるような自由な楽しさがあることにも気がついた。

意志的な構築から図らずも零れ落ちる心の綾。その感受性をサブカルチャー的なるものと名づけてみたなら、その精神の運動の面白さは、「肉を切らせて骨を断つ」ところにある。熱く乗りながらも俯瞰で冷静な眼差しを注ぐことにある。そこにまたハザマが生まれるのだ。

本書は二〇二三年の初夏から丸一年、制作の現場で試行錯誤する過程で零れ落ちた思考の断片の集積だ。また大学での講義などの場で学生やビジネスパーソンの皆さんとの対話から、自ずから紡ぎ出された言葉の記録でもある。走りながら考える中でフィールドを越境した思考の旅は、結果的に文学、哲学、社会学……、時に精神分析、現代物理学まで、様々な領域のハザマを流浪することとなったが、その行き着く先には、思わぬ発見が待っていた。今、本書を手に取ってくださっている皆さんも、時代を読み、自らを省みる為の、不思議な旅にご一緒いただければ、幸いだ。開いたページに少しでもセンサーに引っかかる箇所があり、それがご自身にとっての「ハザマの思考」が始まるきっかけとなればうれしく思う。


ハザマはどこにでもある。そして、ハザマで考えることは楽しい。

さあ、道なき道を行く、マジカル・サブカルチュアル・ツアーへ。

よろしければ、ご一緒に。

ハザマの思考　目次

ハザマの思考

なぜ世界はニッポンのサブカルチャーに惹きつけられるのか

1章　「サブカルチャー」と「サブカル」のハザマで

サブカルチャーって何だ？

「サブカルのリソースのことなんですが……」

ＡＤさんからの電話に、一瞬、反応が遅れる。

「ああ、それなら……」

と、サブカルチャーのことだよなと自らに言い聞かせながら返答するまでに〇・五秒ほどの逡巡がいつもある。リソースというのは、映像制作を生業とする我々にとっては、編集室、録音設備なども含めたスタジオ全般のこと、そこに疑問の抱きようもないが、「サブカルチャー」が「サブカル」と短く言い換えられただけで、どうにも、微妙な違和感がそこに生じてしまうのだ。

ＮＨＫ「世界サブカルチャー史」というシリーズが始まって三年余り。幸いなことにご好評をいただき、アメリカ編、ヨーロッパ編、そして日本編と続き、ジャンル別のシリーズまで生まれた。面白い、と言ってくださる視聴者の方の、だけどこれって「サブカル」だっけ？　という言葉が続くネット上の感想も少なからず拝見する。まあ予想通りではあるのだが、やはり、「サブカル」は単に「サブカルチャー」の省略語と受けとめる人が多いのは当然のことだろう。「推し」という言葉がすっかり市民権を得たこの時代、この国では、「サブカル」と聞けば、マンガ、アニメ、ゲーム……様々なエンタメのアイコン、アイドルなどを思い浮かべ、「萌え」の世界の表現ね、と受けとめて、普通会話はどんどん進んでいく。僕だって日常会話で、初対面の若者に「サブカル好きなんです」と言われた時に、「あなたにとってサブカルとは何を意味しているんですか?」などと面倒くさいことを言うオジサンになりたいわけではない。

だが、番組のタイトルとして持ってきた言葉だけに、その文脈で使われる時には、ちょっとした思い入れが邪魔をして、少しのフリーズが生まれる。それが〇・五秒だ。

そう言えば、一九九〇年代半ば以降、自信を喪失した日本社会の中で、「グローバル・スタンダード」と称して、様々なカタカナ語が日本のビジネス社会に導入された。ガバナンス、アカウンタビリティ、コンプライアンスなど、それまでもてはやされていた日本的経営がバブル崩壊で地に落ちる中、アメリカ型資本主義の概念が世界の常識のようにこの国に広がっていった。

そうした時代にも、日本のビジネス界隈は良くも悪くも、それらの概念の一時的な翻訳、翻案を試みた。急激な衝撃への緩衝材のように、人々にある種の緊張を迫る概念は、その角を少し丸めることで、ひとまず受け入れられていったのだった。

日本語のカタカナ表記は、奇妙だが、実に奥深い文化だと思う。ジョン万次郎の時代以来、外来語というメタメッセージを発し、海外の概念を取り込む際に重宝されたカタカナ表記。それは、その後和製英語と呼ばれるような、本国では意味がわからない、日本国内でしか通じないと時に評判が悪い、独特な表現形態も生んでいく。

それに加えて、カタカナ表記の厄介かつ面白いところは、短縮形で人の口に渡るとあっという間にニュアンスが変わっていくことだ。当時仕事帰りのビジネスパーソンたちが居酒屋で、「ああ、コンプラね」「そう、コンプラ、コンプラ」と、テンプラを注文するかのように気持ち良さげに連呼する声を、複雑な感慨とともに思い出す。その時コンプライアンスという欧米の企業社会の中で発せられた言葉の重みは薄皮のように剝ぎ取られ、当初の意味から微妙に離れたものとなっているのだった。

サブカルとサブカルチャーのハザマにも深い大きな溝がある、と感じられる、少なくとも僕のような人間には。ジャンルとしてのサブカルと、サブカルチャーとの決定的な違いとは？　では、そもそもサブカルチャーとは何なのか？「メイン」ではない、「サブ」なのだから、「メイン」がはっきりしていれば良さそうなものだ。だが、その「メイン」がはっきりしないのが、この国の特徴、否、日本が戦後歩んだ歴史ではなかったか？

ニッポンのサブカルチャーは「逸脱」か？

ビート・ジェネレーションという言葉がある。一九五〇年代から六〇年代、ウィリアム・バロウズ、ジャック・ケルアック、アレン・ギンズバーグといった詩人、作家など個性的な表現者たちが、アメリカのみならず、世界的なアンダーグラウンド文化に影響を与えた運動だ。豊かさを謳歌する戦後アメリカ社会の中で、その物質的な繁栄によって固定化、制度化されていく社会、人生のあり方に反発した彼らは、近代化が覆い隠す歪みを糾弾し、詩、小説などの文学作品にその思いを結実させる。そこから発せられたメッセージは、やがて、モダンジャズなどの表現にもつながり、そして、このアンダーグラウンド文化は、「反体制」の記号となって若者たち、そして青少年の間にも広がっていった、と語られる。

こうした一連のムーブメントの中から、生み出されていったのが、実は「サブカルチャー」なのだ。少なくとも歴史を辿ると、アメリカ社会学での「非行」少年たちが形成する文化の研究から、「サブカルチャー」なる概念は発展していったということになる。だからそこには、管理社会への嫌悪、大量消費社会へのアンチ、機械化、合理化が進み、「人間らしさ」が失われていく世の中への反発や憂鬱、思春期の鬱屈した感情も絡まっているように見える。

そして、その延長線上にあったのが六〇年代ヒッピー文化だ。抑圧的な社会に対して、人間の解放を訴える……、対抗する文化＝カウンター・カルチャーとなる、というわけだ。とまあ、ここまでは、わかりやすいサブカルチャーの定義、サブカルチャー＝カウンター・カルチャーと理解しても、あながち間違いではない、アメリカの風土と歴史の物語だと言えるだろう。

さて、ここで翻って、日本の状況が難しい。戦後、敗戦国たる日本は、アメリカから民主主義を学び、同時にそれにまつわる近代的な文化、消費文化も受け入れていったと語られる国だ。「メイン」であった多くの日本文化が一度否定された中で、アメリカの「メイン」が入って来た国なのだ。そしてさらに、問題をややこしくしているのは、サブカルチャーの方もほどなく入って来てしまっている点にある。「メイン」そのものがまだ反発するほどにも成熟していないうちに、「サブ」が内包していた葛藤や憤り、カウンターとしての先鋭さなどが抜け落ちたまま、「メイン」と一緒にぼんやりと入って来たと言ってもよいのではないか。

奇しくも「世界サブカルチャー史」シーズン3の日本編の幕開けで、六〇年代学生闘争の時代も経験、当時から論客として鳴らしていたという編集工学者、松岡正剛さんも、そのあたりの状況をこう語ってくれている。

これは全体に言えることで、欧米のサブカルチャーとやっぱり日本は違うと思うんです。まず、戦勝国であったと、彼らは。フランスだとかアメリカだとかすぐ作り上げていくものと（異なり）敗戦国になった日本にはメインカルチャーがないわけですね。連合国によって潰されているわけです。

それに対するサブカルチャーということにするのか、メインカルチャーがなくされたんだから、カルチャーそのものを作ろうとするのが、結果、サブカルに見えるというあたりが難しいんですすが。

（「世界サブカルチャー史　欲望の系譜　シーズン3　日本　逆説の60-90s　第1回　NHKBS　2023年3月4日」）

大体において、「メイン」も「サブ」も戦後いっぺんに入って来た国は、もともと一直線上でベクトルが相まみえるように対峙する文化ではなく、「主体」無きままにいつの間にか「こと」が成っていく風土を持っている。欧米からのサブカルチャー＝カウンター・カルチャーも受容の段階で変形されて、ファッションや社会風俗などとなって、人口に膾炙された複雑さがあるのだと思う。

その意味では、宮沢章夫さんと「ニッポン戦後サブカルチャー史」をやっていた頃も、このニッポンならではの難しさ、そしてだからこその面白さについては、いつも鏡に映った文字を読み取るようなもどかしさを感じながら考えていた。もう一〇年ほど前のことになる。当時、「サブカルチャーとは逸脱」と定義した宮沢さんの思いの背後にも、この日本の抱える重層性の問題が見え隠れしているように感じていた。単純な「カウンター」、既成の権威に抵抗するようなものとも異なる、はぐれた感受性がそこにある。そして、さらに振り返れば二〇〇〇年代初頭、「英語でしゃべらナイト」の収録で、当時アメリカから来て間もなかったパックンが繰り出す流暢な日本語のギャグがスタジオに響くのを毎週耳にしながら、ずっと考え続けていた複雑な問題でもあるのだった。「笑い」という、文化、風土に密接に絡んだものは、タテのものをヨコにするだけでは伝わらない。単に英語エンタメというのではなく、実は異文化の衝突と相互理解のフィールドワークも狙っていたこの番組自体が、ある意味、「サブカルチャー」番組だったと今にして思う。

サブカルチャーとしての「欲望の資本主義」

今までプロデューサーとして、様々な番組を企画、制作してきた。「英語でしゃべらナイト」「爆笑問題のニッポンの教養」「ソクラテスの人事」……、近年では「人間ってナンだ？

超AI入門」「欲望の資本主義」など、いわゆる教養バラエティ、教養エンタメ、と呼ばれるような領域の番組に数多く携わっている。「教養」と「バラエティ」「エンターテインメント」……、一見、水と油を混ぜあわせるような作業の中で試行錯誤してきたわけだが、こうした一群の企画自体が、ある意味サブカルチャー性をまとっていたことを、今あらためて「サブカルチャー」という言葉をど真ん中に据えた番組を送り出すにあたって痛感する。つまり、「メイン」から、わかりやすい表玄関から問題に迫っていくのではなく、あえてナナメというか、少しズレた角度から斬り込んでいこうとする感覚がそこに共通するのだ。

「欲望の資本主義」をご存知の方は、資本主義のあり方を問う、なんてど真ん中のアプローチではないか、と思われるかもしれない。しかし、「欲望の…」なのだ。もともとクリストファー・ノーランの映画『インセプション』を見た時に、夢の中で行われるアイデアの「植え付け」という物語設定にインスパイアされて生まれた企画は、ある意味、極めてサブカルチャー的だ。『シフォン主義』なるアルバムでデビューしたバンド、相対性理論のヴォーカルやくしまるえつこさんに、毎回「やめられない、止まらない、欲望が欲望を生む、欲望の資本主義」とナレーションしてもらうこの演出にもシリアスでありながらユーモアある遊び心が共存、ある種のサブカルチャー精神から生まれたものだと言える。

誤解なきように明言すると、こうした場面で僕が用いる「サブカルチャー」は、「メイン」が上位で「サブ」が下位であるというような、社会学事典に載っているような固定化された定義より広い概念を含むものだ。むしろ、「サブ」であることによって「メイン」の硬直性から逃れて、自由闊達な視点を獲得できる豊かな可能性を感じている。ここかと思えばあちらへ動く、変幻自在なトリックスターとしてのサブカルチャー、メインに収まらないからこその精神の自由さの獲得、と言えば、大袈裟だろうか。繰り返すが、問いの精神はある意味正統派、本質を考える志にウソはない。しかし大きな問いほど、むしろナナメに斬り込み、柔軟に様々な表現の幅を持って対象に迫らなければ、するりと敵に逃げられてしまいかねない。そんな思いをいつも持っている。そしてそう考えるほどに、資本主義でも教養でも、大テーマであるほどに、カジュアルでポップな、いい意味で飄々と力の抜けた歩み方でジワジワと対象に、本質に迫っていく……、その方法論を総称して、サブカルチャー的と言ってしまいたくなるのだった。

映像という終わりなき「記号」産出のプロセス

しかし、こんなにあれこれ言葉を連ねずとも、映像で何かを表現すること自体が、実は既にして、サブカルチャー的な行為なのではなかろうか？　映像の面白さと難しさは、端的に言ってしまえば、表現者の思い通りにはならないことにある。必ず、そこにはズレが生じ、多様な意味が散乱する。

たとえば、どんなに慎重に思慮深いディレクターが計算に計算を重ねたとしても、あるドキュメントにおいて伝えようと意図したことが「正確に伝わること」などない、と言っても過言ではない。もちろん、「環境破壊の恐ろしさ」「戦争の悲惨さ」といった、一つの強いイメージとして括られるようなテーマは、ある程度多くの人々の間で変わることなく一つの像を結び、物語として共有されることだろう。だが、シーンとシーン、カットとカットとの連続によって紡がれていく映像のつながりの持つ意味合いは、見る人によって様々な意味を産出する。カットレベルでも、同じカットの中で、見る人が向ける眼差しは、フレームの中のあちらこちらをさまよい、「本筋」以外の心象が生まれていく。そこから生まれる様々な感情、微細なニュアンスの相違は、カットを重ねるごとに広がり、どんなに強烈な一本筋の物語性を持った映像のつながりであったとしても、幅のあるグラデーションを描き出すはずだ。一つの光源からの光がプリズムによって乱反射するかのように、様々な意味、ニュアンスが生まれる。

視聴者の視線、思考を限定することなどできない。当たり前のことだが、しかし、ここに映像という媒体の可能性があることを、確認しておきたい。そして、さらにそこで話が終わらないのは、実は作り手にあっても、すべてがすべて、伝えることの全貌、そこにあったテーマなどを理解しきっているとは言い難いことなのだ。もちろん、多くの制作者たちは、意識／無意識など越えて、対象の、問題の全貌の解明に向けてすべての感受性を全開し、表現に向けて努力する。しかし、その過程そのものに物理的な限界もあれば、心理的にも限界はあるだろう。ましてやテレビの表現など一人の想像力だけでできあがるものではなく、関わる人々の連携の中で映像という像を結び、生まれていくものだ。無数に存在する編集の可能性。それは、巨大な岩を山頂まで運び上げても転がり落ちる苦行を永遠に科せられたギリシア神話のシーシュポスの岩を思い起こさせるような、正解なき業なのではないだろうか。

そして同時に、映像化する作業の過程は、映り込む様々な対象の生む「記号」について考え続ける仕事であるとも言える。人もモノも、これからＡＩ時代に増えてくる人とモノのハザマにあるような存在まで含めて、フレームに収まった対象は、「記号」としての意味を発する、と同時に、それを受け取る側もまた新たな「記号」性を発見していくのである。こうして、作り手も揺れ、見る人もまた揺さぶられ、見る人の反応によって作り手は考えさせられ……、映像表現という真摯な戯れのループは終わらない、そんなイメージがある。こうした相互コミュニケーションの過程のハザマにあるからこそそのメディア＝間をつなぐ媒体なのだと、いつも思う。

坂本龍一さんの「サブカルチャー」的な問題意識

二〇二三年三月に、坂本龍一さんが亡くなった。坂本さんと言えば、僕にとって忘れ難い一冊の本がある。

『音を視る、時を聴く』。一九八二年刊行の、哲学者・大森荘蔵さんと坂本さんの対談集だ。「哲学講義」との副題にあるように、時間と空間について独自の思考を展開していた大森さんから坂本さんが知見を聞き出すという形を取りながらも、坂本さんも音作りの現場で磨かれた感性をぶつけて、スリリングな対話となっていた。

時は意識した時に既になく、意識しない時にこそある——。

これは、偶然、「時」がテーマだった入局試験の作文で認《したた》めた冒頭だ。大森さんと坂本さんの対話をたまたま読んだばかりだったこともあり、その興奮から試験会場でも一気に書き上げた記憶がある。夢中になって書いたはいいが、いきなり人間の知覚、感覚の世界の不思議を観念的に説き起こすような文章で大丈夫か、提出する段になってちょっと心配になったがなんとか合格、その後のアナウンス力を試されるテストで「作文の内容」を一分程度で要約するよう課された際も、大森さんと坂本さんの名前をあげて、時をめぐる冒険を展開したものだった。ちなみにその時の試験官は、後に俳句という、これまた時と空間に親和性の高い言葉の芸術の世界に誘う番組で長年ご一緒することになる加賀美幸子アナウンサーだったことも奇縁だと思う。

時というのは本当に面白い存在だ。「一瞬」は、どこまで人間が聞き取ることが可能か。今でこそ、コンピューターの普及で、時間とともにあるアナログな音も波形でディスプレイに示されることに誰も驚かない。しかし、そのデジタルな網の目を無限に狭めていくことができたらどうなるのだろうか？　ひとまずデジタルな尺度に合わせて山を成していた音も、無限に細分化された網の目で捉えることができたなら、「虚空」となる。「無」なのだ。

先に、映像の「記号」性についても少し書いたが、音もまた「虚空」であるとすると、映像と音の組み合わせである、映像作品とはいったい何なのか？　そもそも「映像」と「音」とに分けてしまうこと自体が、既に人間の認識による区分けでしかないのではないか、など、哲学的でありSF的である妄想の海に溺れることをつい楽しんでしまうのだ。

大森×坂本対談にも、こうした想像力を喚起し、思考実験へと駆り立てられるような話が数多くちりばめられている。今にして思えば、人間の認識というものの複雑さ、面白さ、そしてその臨界点を探究したい思いが、僕自身映像メディア志望の理由の奥深くにあったことをあらためて自覚する。そして、その奥深くの想いが、ある種のサブカルチャー志向として表層に表れていたように思う。「サブ」カルチャーとは、「メイン」では見えない、捉えられない「その他」、「カルチャー」に新たな副次的な意味をもたらす、常にオルタナティブの可能性の宝庫とも言えるのだから。

そうした意味で、人間とこの世界を、ジャンルを越境し探究し続けた坂本さんも、サブカルチャー的な精神の人と言えるだろう。まさに「サブカルチャー」の旗手たちを次々に取り上げた『朝日ジャーナル』の目玉企画「若者たちの神々」の中でも、西洋の音楽を受容する過程で日本人である自らの感性が育まれている、その「屈折」への自覚が語られている。同時に、常に「異邦人」であることの大切さを、バブルに向かっての祭の中で変質していく日本人たちに向けて説いていたことを付け加えておきたい。

そしてサブカルチャーとは絶対的他者への想像力だ

自由な精神の運動としての、サブカルチャー性。そこに大いなる可能性を見出す。八〇年代の音楽家と哲学者の対話に触れたことも一つのきっかけとなり、いつの間にか、三六年以上の時を映像制作の世界での格闘／戯れの中で過ごすこととなったわけだが、あの頃、漠然とイメージしていた問いは、形を変えて今も続いているように思う。

時は流れるが、問いは風化しない。その意味では、一瞬のようにも感じる。

先に一例としてあげた、無限に細分化した時に「音」という認識は生まれないという話だが、無限に細分化された網の目の聴覚を持つ宇宙人が、ＹＭＯの演奏でも、モーツァルトの調べでも遭遇した時に感じる「虚空」はどのようなものか、考えてみると面白い。そしてその宇宙人にとっては、「虚空」であっても何かそこに、ある種の味わいが生まれるのではないのか、そんなことを考える。

それは、他者の存在に気づき、真の対話が始まることでもある。その存在の感受性に完全に届くことは叶わないかもしれないことへの想像力を持つ方法、それが、僕にとってのサブカルチャーという方法の持つ、もう一つの大事な定義だ。そして、それは、何かとエコーチェンバー、フィルターバブルなどという嘆きが唱えられるデジタルテクノロジーの海の中で、一人自閉的な世界の中で完結する現象が広がりを見せている時代だからこそ、ナナメに亀裂を走らせる方法としてのアプローチとなるような予感がしている。

いつの間にか、分断ばかりが目立つことになった世の中で、丁寧にハザマに分け入って考えることで見えてくるものは何か。１章ということで、自己紹介めいた話にも字数を費やしてしまったが、次章からは、日々遭遇する具体的なハザマから考えていきたい。

2章 「流れ」と「構築」のハザマで

流れが流れを呼ぶ勝敗を決する流れ　そこに関わる構築

大谷翔平選手の連日の活躍もあって、野球人気が高まっている。子どもの頃からの野球少年としては素直に血が騒ぐ。その野球と切っても切れないのが「流れ」だ。実際、流れという言葉、野球、サッカー、テニス……、様々な球技の試合中継で、実況と解説者の間で日々交わされる合言葉、時にマジックワードのような趣きすらある。

「リードしているドジャース、とは言え敵に流れを渡したくないですね」などとアナウンサーが言えば、「エラーからの失点は流れを大きく変えますからね」と解説者。こんな言葉が行き交うのを一試合眺めていれば、必ず少なくとも二度三度は耳にする。流れという視点からゲームを見ていると、様々な方向へと想像力は膨らむ。押しているチームがランナーを出しながらも得点に結びつけることができないでいると敵側へと「流れ」が移り……などというケースによく遭遇する。「流れ」を逃さない為には、決めるべき時に決めておかねばならないと、確かに教訓を与えてくれるように思われるのだ。魔物のようにグラウンドに存在する気流のようなものを見たくて、特別どちらのチームにも思い入れがない時でもついぼんやりと勝負の機微を眺めてしまう。そう言えば小学生の頃から夏休みに野球観戦目的で上京しても、俯瞰で試合展開や球場全体の空気の変化を追うことができる場所が好きだった。バックネット裏やベンチのすぐ上など選手の近くで迫力あるプレーを見たい多くの子たちを尻目に、グラウンドから遠くても全体が見渡せる、神宮球場ならルーフのある二階席が僕にとっては特等席だったのだ。変わった子だと不思議がられたが、パノラマでゲーム全体の「流れ」が感じられるスペクタクルがある。選手個々の個性がグラウンドを行き交い、織りなされる勝負の綾の面白さを楽しんでいたのだろう。

「流れ」に乗ったチームは何をやってもうまくいく。だから皆、選手も監督も、「流れ」をつかめるか？「流れ」を引き寄せられるか？常に意識する。しかしこれも別に、神がかった類のことではない。メンタルな領域での駆け引き、ある種の精神力の勝負が背後で火花を散らしていると理解してもよいのではないかと思う。「流れ」に乗っている状態、それは思考に幅があり、視野の広さを確保できている状態であり、身体的にも柔軟かつ俊敏な瞬発力を生める状態であるということになるのだろう。それが最大限に発揮された時がいわゆるゾーンというものだ。集中力と冷静さが共存し、一瞬にして様々な要因が「見えている」状態だ。言わば意識と無意識の間の蓋が良い加減に開放され、その行き来がスムーズな状態という言い方もできる。流れに乗っていると感じられれば、精神的な余裕が生まれ、リスクをとる決断もしやすい。それが良い結果を生めば、さらに次の選択でも余裕が生まれる。スポーツの試合ばかりの話ではなく、様々なプロジェクトに共通する話でもあるだろう。そして、その「流れ」を生む為にこそ、事前に共有された、強固な設計が、「構築」がある。「流れ」という得も言われぬ感覚。では個人作業となった時にはどうなのだろうか。たとえば、この文章を書くという行為、そこに「流れ」はあるか。とりあえず想念のままに言葉の断片を書き連ねておいて、のちに、移動、挿入、削除と作業を進めるのも一つの方法だろう。事実この稿も、「流れ」「野球」「文を書く」という三題噺かの如きキーワードが浮かんだぐらいで書き始めたものだ。後は、それぞれを結びつけることで、後半なんらかの展開を生む「流れ」が生まれるだろうという目論見で、今キーボードをたたいている。あまり先にしっかりとした構成、構築をし過ぎてしまうことを恐れ、何か新しい、思いも寄らないところへと連想が働くことの豊かさこそが、書くことの醍醐味なのだと感じている自分を発見する。

設計があって無きが如き、ゴールがあって無きが如き、そのハザマをどう楽しむか。書くことが決まってしまい、その順序を整理するようなことだけになってしまえば、段取りとなり作業となってしまう。これは面白くない。しかし、とはいえ、ある程度の設計が必要なのも当然のことだ。話のダンゴをいくつか書き出して、順序立ててわかりやすく、読む人のことを考えて書きましょう……。小学校の先生に指導されるというものだ。

ここに、流れと構築のハザマをどうコントロールし、その葛藤を楽しむか、微妙なセンスが生まれる。目指すは直感と論理の調和というところだろうか。野球のように勝敗を決する相手はいないが、自分の中に「構築的な人格」を作り、それに対して、茶々を入れて楽しもうとするもう一人の「破壊的な人格」も生まれる。「流れ」と「構築」は対立する概念ではなく、「構築」と「破壊」のハザマの隘路を渡る為の武器となる感覚、それが「流れ」の原型か。

映像の流れと言葉による構築　編集による設計

さて、一人文章を書くのではなく、チームでスタッフたちとともに映像化を試みる時は、さらに複雑かつデリケートな「流れ」と「構築」のハザマの試行錯誤が生まれる。

基本的に「標準的な」番組の構成の順序としては、取材などに基づき構成案が言葉によって組み立てられる。その際、言葉が映像のイメージを絞ることになる。同時に、撮影された映像から言語化の可能性を探る。この言葉と映像を行き来する過程が、編集と呼ばれる作業プロセス、そこで頭を絞るのが、ひとまずディレクターの仕事だ。そして、試写と呼ばれる段階で、ディレクターの仮設計にプロデューサーが意見することになる。映像と言葉のコラボレーションの完成度をあげ、さらなるより良い表現を目指して、議論が生まれる。もはや多くの読者のみなさんがご存知ないかもしれないけれど、昔「歌は世につれ、世は歌につれ……」という歌謡番組の定番フレーズがあったが、「映像は言葉につれ、言葉は映像につれ……」なのだ。そこで柔軟にあたかも中心点が二つあるかのようにイメージし、楕円の論理でそれぞれを駆動させていくことになる。

このあたりの構成、編集の方法論は、人によりタイプによりチームにより、あるいは、その時々の目指される企画の肝、方向性によって、様々な流儀があるだろう。しかし、少なくとも一般的なドキュメンタリーなどの構成をイメージした場合、僕がいつも最も恐れるのは、言葉が映像をねじ伏せてしまうことだ。つまり、構築が流れをせき止めてしまう、と言い換えてもよい。「こう見て欲しい」「この情報を伝えたい」、その思いが強すぎ先行してしまえば、押しつけとなってしまう。事実を捻じ曲げないことはもちろん大前提であることは言うまでもないが、言葉の論理が映像の感性を圧殺する歪さも回避せねばならない。

その意味で、結局、映像そのものの持つ可能性を発見すること、その強度の方向性を見誤らないことが重要になる。あるシーン、あるカットが喚起するイメージ、それが次のカットを呼び寄せることで、編集のリズムも生まれる。映像は止められない、ただ流れていく。映像は無数の意味を放ちながらも、多くの人々の集合的な無意識に働きかける矛盾をはらんだ生命体のようだ。その矛盾を受けとめつつ、映像の流れをつかまえ、その流れに乗りつつ、カットという切断を行い、構築を行うということになる。してみると、懐かしの浅田彰の

『構造と力』の名文句、「シラケつつノリ、ノリつつシラケる」が、あれは映像編集における流れと構築の妙、勘所を説いたフレーズだったかのように思い起こされる。

映像の論理と言葉の論理とを、対峙させ融合させながら行っていく編集作業。それを円滑に生産的に進める為にも、その方向性の打合せや、スタッフたちとのレベル調整の話し合いなどのタイミングも、プロデューサーの立場としては、実はそれなりに考える。意識と無意識のハザマで良い選択肢が生まれていれば、あるラインが見え共有できていそうであれば、すんなり三〇分ほどの確認で終わる。しかし時に迷走すると二時間、三時間かけても今一つ形へとたどり着けないということもたまにあるからだ。意識で追い詰めていく塩梅と、無意識から救い出せる可能性との配合と。作家・開高健が生前のドキュメントで語った「意識のお化けになってとことん追い掛け回し、その挙句に無意識の片言隻句に出会う、これが光るのですナ……」という言葉を思い出す。「行動する純文学」作家の言葉も、いまさらながら実戦のアドバイスのようだ。もの作りの流れと構築のハザマは到るところにある。

ピッチャーからバッターへ？ 二刀流へ？

野球の「流れ」から、制作の「流れ」へと話は「流れ」ていったわけだが、もう一つ、野球と制作を結ぶ話を思い出した。生放送、生中継の長時間番組をディレクターとして担当していた頃は、ピッチャーとしてマウンドに立った時のことをイメージしながら、生本番という「試合」によく臨んでいた。タイムキーパーさんの「本番、三分前！」という声が副調整室に響くと、いよいよ、緊張が高まる。そろそろロージンバッグに手をやり、手の滑りを止めてボールを握り直すタイミングだ。どんな球から入るか？　最初は内角高めにストレート、二球目に外角低めに緩いカーブを落とす……など、深呼吸しながら自らの心を落ち着かせ、ウォーミングアップの感触から実戦の組み立てへと、気持ちを盛り上げていく時のモードだ。全体に目を配る冷静さと、対象に向かっていく闘争心の高まりをどう共存させるか？「三、二……、入った！」とタイムキーパー、「キュー！」と僕。「プレーボール」が発せられ、第一球を投げ込んだ瞬間だ。投手が投げなければ試合が始まらないように、ディレクターがキューを出さなければ、番組も始まらない。緊張の中、落ち着いて全体を見渡し、投げ込むように、指示を投じる。草野球とはいえマウンド上でのわずかな成功体験を思い起こし、うまく抑えた時の心理状態を反芻することで、闘志と冷静さのバランスを生み出そうとしていた。投球のイメージトレーニングのままに繰り出す、ディレクターとしての指示。こんな具合でその当時は、実際の試合を見る時も、ピッチャーサイドからの視点でよく楽しんでいた。投球のインターバルまで含めて試合のリズムを演出するのが投手という役割。それが、生中継のディレクターの仕事と生理的にマッチしていたのだと思う。

　しかしこのイメージトレーニング、いつの間にかバッター視線へと切り替わっていくことになる。ディレクターからプロデューサーへと職務が変わった為かとある時気づいた。編集を受けて意見をする側への変化、すなわち次々に個性的な投手が繰り出す、様々なボールに対応する側への役割の変化だ。次々に投じられる球を、クリーンヒットと行かずとも、球種やコースに応じて打ち分けるイメージ。番組の根幹にあるテーマという基本フォームは崩すことなく。投手の試行錯誤にきちんと対応して打ち返さなければ、申し訳ない。そんなバッティングのイメージで、今度は対応している自らのモードチェンジを自覚しながら、仕事をしている。

　投手も打者も経験することでいろいろと見えてくることもある。大谷選手のまぶしい活躍ぶりと比べることなどおこがましいが、投打双方からの二刀流の視線が、制作の現場でもやはり大事だと実感する。そして、スポーツにも制作の現場にも共通する大事な「流れ」を生むベースには、メンタルの安定が深く関わっているとあらためて思うのだった。

「異化効果」を越えて　さらにその先に生まれる「流れ」

　時に、「異化効果」と呼ばれるものがある。シリアスな舞台で悲劇のヒロインが泣き崩れている時に、突然助演の男優が「時にあなたの後ろに立てかけてあるベニア板が剥がれかかっていることの方が私には悲しくて仕方がないのだ……」などと虚を突くセリフを口にするような演出技法だ。劇空間の空気を一変、現実のセットのほころびを指摘、異次元への展開を目論む作戦だが、これこそまさに、観客の意識の流れを切断する技法と言えるだろう。

虚構の舞台の進行には隠されたコードがある。観客たちは、好んでその物語空間に浸る為に、そのコードの囚われ人となる。そこにその場限りの、演技者と観客との共犯関係にも似た共通のコードが生まれる。言わば、意識の流れの共有が起きるのだ。だからこの例で言えば、「悲劇」への想いが共有されるほどに、その虚構が暴かれ破壊された瞬間の衝撃、カタルシスも大きくなる。シリアスな、一つの方向に奔流となって向かっていた「流れ」がせき止められ、一瞬方向性を見失う。その虚を突かれた思いが、笑いとなって会場を包み込み、次の展開へと新たな一歩を踏み出せれば、成功だろう。そして演出家、演者らにとっては、シリアスとユーモアを越えた次のステージの演出という、再び新たな「流れ」を作る仕事が必要となる。かくして、一度せき止められた「流れ」は、新たな生命を吹き込まれて立ち上がる。流れと構築のイタチごっこは終わらない。

こうして、動と静の丁々発止で、豊かに発想の幅を広げていけるのか？　やはりこれもまた月並みな言い方だが、意識と無意識の対話ということになるだろう。つまり、意識というリミッターによって視野狭窄に陥ってしまうことなく、幅広く経験から得られた蓄積から、具体的な選択肢を見つけ出すことができること。無意識の海底という広大な領域に散らばっている残骸に様々な角度からサーチライトをあてること。するといくつかの断片をつなぎ合わせて、新たな事態も、実は過去の経験の変奏曲ではないかと、仮説を立てることができる。

「必ずこれのみと断定するな」

柔軟にして強か、固定観念に囚われない達人だった勝海舟の言葉を思い出す。リラックスして無意識を解放しておくことの方が大事。果報は寝て待て、下手な考え休むに似たりに近いものがあると言ったら、怠け者の牽強付会か。

緊張と解放のバランスの中から生まれる流れは、単なるノリでも、偶然の運でもない。この呼吸をどう生かすか。そして、それが以心伝心として機能するほどに、文化の創造性も高いと言えるだろう。

「運命は必然ではない、自由だ」ガブリエルの言葉も流れの中に？

流れを共有する為の以心伝心。しかし、こんなことをうれしそうに語っていたら、ヨーロッパの知性からは叱られるのかもしれないと、ふと思った。「流れ」について考察しているさなか、二〇二三年に四年ぶりに来日した、哲学者・マルクス・ガブリエルのインタビュー収録を行い、彼の言葉が頭の中を渦巻いていたからだ。

彼は日本社会に存在する特徴を、「ジャパニーズ・カット」と表現した。日本的な「切断」あるいは「遮断」とひとまず訳しておこう。すなわち日本文化の中には異邦人が了解し得ないサイン、無言の文化コードが散見され、それが他者からの理解を「遮断」しているというわけだ。単に批判ばかりではなく、それを特性として自覚し「阿吽の呼吸」のコミュニケーションの力を良い方向に使えばよいともフォローするのだが、ちょっと複雑な気分にもなった。つまり、今回僕は「流れ」という現象を比較的肯定的に語ってきたわけだが、日本社会である意味連綿と語り継がれてきた「空気」の問題、「同調圧力」の問題と一緒くたに見えてしまえば元も子もない。このあたりデリケートで、少々厄介な問題だ。西欧的な「構築」の思想にあっては、「流れ」の感覚は通用しないのか。

だが、ガブリエル自身が、過去の取材の際に、面白い言葉を残している。

「運命は必然ではない、自由だ」

運命は、普通、避けられないと感じるもののはずだ。しかし、自分自身の人生を自ら引き受け、何ものにも囚われない自由な精神で、自分らしい選択を積み重ねていこうとし続ける人にとっては、運命もまた自由に生きた証しとして捉えられる、というところだろうか。

ここに、カントから受け継いだガブリエル流の「自由」の考え方があるように思う。カントは、あらゆる人は様々な目的を持ちこの人生を生きる権利があるが、人を手段と考えるようなことだけは否定されるとした。そこにかけがえのない人間の尊厳があるのだと。それぞれがそれぞれの目的に生きる状況は「目的の王国」と表現されるが、その理念があってこその自由、カントが言うところの「自由意志」なのだ。こうした理念を理解し、他者への尊厳と自らの尊厳、双方を失うことなく思考、行動すること、これが自由であり、運命を感じるということ。自分の人生に運命を感じることで、人はむしろ自由になれると、ガブリエルは、カントの理念の延長線上で、語りたかったのだろう。ドイツ観念論の系譜にありながら、近年は東洋的なセンスにも理解を示し、実践的な概念として「倫理資本主義」を説くガブリエルらしい表現だ。一見水と油のような、すれ違いそうな二つの概念のハザマに、新たな言葉を置くことで融合と対話を試みる。

「流れ」の議論から外れ、少し遠回りしてしまったようだが、ここまで来たら、こんなレトリックも成り立つように思う。

「流れとは、偶然を必然と捉えられる感受性だ」と。

「運命は必然ではない、自由だ」に呼応する表現のように思う。

確率論など、科学的な解釈、普遍的なものの見方は、もちろん大事な軸だ。しかし同時に、多様な感受性を持ち有限の生を生きる人間という存在にとって、日々生きる時空の中、流れという言葉にし難い、生命の躍動のようなものを感受することも、劣らず大切な軸なのだと思う。

映像文化の「流れ」と「構築」のドラマツルギー

ガブリエルが示した西欧哲学の延長線上にある理念と、その先にある知の可能性。他文化の感受性との対話も終わることがない。「万物は流転する」と「諸行無常」、それらもどこまで同じで、どう異なるのか？　ハザマで考えることは尽きない。

かつては映像ドキュメンタリーの世界でも、欧米的な構成の作品の中で、日本の表現の多くは明らかに異質だった。三秒、四秒とスタティックな短いカットを積み重ね、ナレーションの情報性を前面に押し出す欧米型と、手持ちカメラの長回しでドリーショットを多用、カット数もナレーションも少なめで感性で勝負するかの如きの日本型。端的に言えば、客観的論理を追求する欧米型と、感受性に訴えかける日本型という相違と言えばわかりやすいだろうか？　実際、一九九〇年代半ば、フランス人カメラマンに初めて出会い、人物の「ワンショット」を頼んだ際、足元までしっかり映り込んだ映像を見せられた時の軽い衝撃を思い出す。顔がよく見える胸から上のバストショットが言わば常識の「日本的表現」を尻目に、しっかり大地に足を着けて立つ人間をまるごと映像化してこそワンショット、それこそが一人の「人間の存在」をフレームの中に収めるということだと、異なる世界観を伝えられたような思いがしたものだ。編集は勿論、フレームレベルの表現でも微細な相違は、文化差の中に存在する。それはまた別の機会にもう少し深く考察することもあるかもしれない。

だがそんな違いも今やかなり消滅、日本も欧米型の技法を取り入れ、欧米も日本やアジア諸国の表現に刺激を受け、国や文化による表現の相違を感じることも少なくなってきた。これもグローバル化と言ってしまえばそれまでだが、コンテンツという言葉が国際的に流通、ネット上でサブスクのプラットフォームで世界中の人々が日々様々な国々の映像を楽しめるこの時代ゆえのこと、映像表現のフォーマットも一旦はフラット化の方向へと進んでいるように見える。

しかし同時に、映像表現という、無意識の世界に入り込む、汲めども尽きぬマグマが蠢く世界が、大人しくフラット化、平準化していくだけとは思えない。これから、どこから、表現のパワーが生まれてくるか？　世界の潮流という「流れ」の中、一見平準化した凪のような表現の海から、新たな「構築」の論理が突出して来ることだろう。

3章　「情報」と「教養」のハザマで

情報か？　教養か？　「自己啓発」の意味が変わる時代に

時々、人前で話すことを依頼される。話すことのプロでもないのだし、場の空気を感じ取り出たとこ勝負、直感に基づき話すだけと、結局最後はいつも開き直るのだが、それでも一つ、その都度話の方向性で心掛けていることがある。聴衆の皆さんが様々な事実、知識を知りたいと望む場か、それよりもある種の考え方などを身につけたいという思いが上回る場か、ということだ。とにかく今の状況の「見取り図」が欲しいという人に、抽象度の高い広がりのある話をしてもイライラさせてしまうだけだろうし、本質的な応用性のある思考法などの話を求めている人に、事実の羅列に聞こえそうな話の進め方をしても失望させてしまうことだろう。

二つの違いに明確なラインを引くことなどもちろんできないが、前者を「情報」的、後者を「教養」的とイメージしている自分に気づく。情報と教養、そのハザマにあるのは何か？ひとまず、「すぐ役に立ちそう」な知識を指すのが「情報」、「いつか役に立つかもしれない」学識、ものの見方や考え方を指すのは「教養」というところか。

「最近の若者って、物欲が無いってよく言われる割には、みんな口を揃えて成長したいって言うのはなぜなんでしょうね？」先日ある書籍企画の打合せで、編集者が漏らした言葉だ。なるほど、僕の周りでも成長への希求を口にする若者は少なからずいる。その思いの正確なところはわからないが、「情報も教養も使いこなせる大人」は、その一つの達成の姿なのかもしれない。情報と教養のハザマで、人は成長を求め続ける。

成長をめぐる言説、「自己啓発」というコーナーが書店にできたのはいつの頃のことだろう？　それ自体の需要は、ずっと昔からのことのように思う。しかし、一九九〇年代半ば以降日本経済の不振が報じられ、二〇〇〇年代に入っても一向に回復の気配が見えない経済状況に呼応するように、「自己啓発」はいつの間にかビジネス界隈と密接に関連する言葉となったようだ。そして若い世代に受け継がれるほどに、自らを「啓発」することの重要性、その意識の醸成も、仕事において結果を出す為の責務の如く変質していったように感じる。その一方で、現在はいくら本ばかり読んでも仕事がうまくいったり、人生が豊かになったりなんて、そんなおめでたい話はあり得ない、という気分も同時に生まれてきているようにも思えるが。

自らの能力を開発し、眠っている力を解放することができたなら、それは悪いはずもない。精神的な充実感に包まれて、人間的な成長を実感することができたなら、それは素晴らしいことだろう。だが同時に、デジタル経済の枠組みが拡大するビッグデータ時代、すべてが数値化され指標に置き換えられていく潮流の中、その成長もまるで偏差値を伸ばすかのような感覚に囚われ、結局相対的な競争を強いられている錯覚に陥るのであれば、本末転倒だ。成長を目指す「自己啓発」競争が激しさを増し、そうした動向がネット上でもビッグテックのマーケティングの論理に捕捉されるようになると、だんだん悲喜劇的な逆説の中に入っていく。

「情報」の獲得競争がある種の貧しさをもたらすように見える今、「教養」をめぐる言説も変化してきている。

「ファスト教養」の時代へと到った理由

二〇二二年は「ファスト教養」なる言葉も注目を浴びた。「ファスト映画」ではないけれど、手っ取り早く、コスパよくタイパよく教養を身につける「ファスト教養」なるものが世に広がっているのではないか、というのがこの言葉を世に広めた『ファスト教養』著者のレジーさんの問題提起だ。サブタイトルは「10分で答えが欲しい人たち」、まさにそのものだ。

ビジネスシーンでうまく立ち回りたい、言い換えればよりお金を稼ぎたいという動機があった上で、そのために「教養」と呼ばれるようなものを手っ取り早くおおざっぱに仕入れていくことを「ファスト教養」と呼んでいます。単に「YouTube のまとめコンテンツ」そのものを指すというよりは、そういったものが受け入れられがちな社会のあり方まで含めての言葉という認識です。

（「「ファスト教養」がなぜ人気なのか その背景と問題点とは？ ライターのレジーと考える」高山敦 TOKION ２０２２年12月14日）

著者のレジーさんは、インタビューでこう答えている。そこにはそんなお手軽な「教養」の取得の仕方はあり得ないというアイロニーがあることは間違いないが、それだけではない。

昔から言われている「教養」が絶対的に正義で、「ファスト教養」が低俗で良くないものというような話をするつもりはありません。ここは本を出した後でもどうにも誤解されているのですが（笑）。（同前）

実際、僕自身、そのあたりのモードは使い分ける他ないといつも思っている。いくら情感豊かに描き出された映像作品でも、丹念に書き上げられた小説、論文でも、仕事で必要な時は早回し、飛ばし読みしながら「情報」を拾い出そうとする見方、読み方をせざるをえない。それはそれで、明確な目的があって対象へのアプローチの方法を選択しているのだから。「効率よく」摂取するという姿勢を単に批判するというだけでは、古くからの教養論に則り過ぎで、言葉の真の定義において「反動的」ということになってしまうだろう。

だが、目的と手法の自覚が無いままに、「ファスト」に「教養」を身につけることが、それこそ強迫観念になってしまっているとしたら。そして、ここもポイントだが、本人が無自覚なうちに、単にビジネスの論理に絡めとられているとしたら。

「なぜ今自分はそういうモードなのか?」を考えていくと、実は社会が抱える問題にぶち当たるんですよね。ここは本を通して言いたかったことの1つでもあります。(同前)

「ファスト教養」と名づけられることになった、二〇二〇年代に生まれた現象。それは、社会と個人との間にいかなる関係性を生むべきかという、実に古典的な、長い歴史の問題、近代社会以降の啓蒙の歴史の問題とも深く関わっているように感じる。

社会の潮流の変化の中、人は揺れる。個人は個人としてあるのではなく、様々な社会規範の中で人々の意識は形成されていく。手っ取り早い知の消費化へと人々が流され、知の「ファスト商品化」も進む。文明論的な転換期にあるという視点で、俯瞰して現状を眺める時、「ファスト教養」の話題を引き継ぐかのように、二〇二三年前半はあの新たなテクノロジーの登場がビジネス誌の特集記事でも持ち切りとなった。ChatGPTだ。

「脳は主人ではなく、気難しい召使」に過ぎない？

画期的な新技術をめぐって議論百出。この人間の代わりに答えを出してくれるかの如き存在をめぐって、様々な識者たちから授けられる対抗策が誌面を飾った。そしてそれらの提言は、自ずからビジネスの範疇から教育の領域へも及び、「自分の頭で考えられる」人間の養成が肝要だという、ある意味、ずっと繰り返されてきたメッセージに再び光があたった。

実際、「自分の頭で考える」というその感覚自体が、少しずつ失われていく世の中なのだ。朝目覚めた時、腕に装着したウェアラブルウオッチの示す波形に判断を委ねてしまい、デジタルなデータの方が自分の実感以上に信用できると感じる時代ゆえの現象でもある。それは時に、ぐっすり眠れたと気持ちよく一日を始めようとしても、データから睡眠の浅さを示され気持ちを挫かれるという皮肉なシーンにもなり得る。もはや手放せないスマホに様々な知を外部化させ、情報取得の機能の少なからざる部分を頼ることが日常化している現代人。やはり、ここは、「自分の頭で考える」ことが大事だと再び言いたくなるのはよくわかる。

だがこのメッセージも奥行きと膨らみをもって捉えねば、ある種の罠となる可能性がある。そこで思い起こすのが、一人の異色の哲学者の言葉だ。

脳（つまり心）は数多い臓器の一つであり、比較的最近になって支配権を握ったという考えである。つまり、**脳を主人と見なすのではなく、気難しい召使**ととらえ、脳を守り、活力を与え、活動に意味を与えてくれる身体のために働くものだと考えないかぎり、脳の機能を正しく理解することはできないのである。

（『心はどこにあるのか』ダニエル・C・デネット　土屋俊訳　太字引用者）

「脳化社会」とも呼ばれて久しい今という時代は、様々なビッグデータによる情報処理、そうした数値が、すべての真実であるかのように一人歩きして社会を席巻する。行き過ぎた「科学偏重」に対して一部では人文系の知の復権を唱えるような議論も生まれ、錯綜した様相も呈しているが、その多くの場合、脳を鍛えよ、「脳」力を高めよ、という教えに直結していく。

しかしそこに、「心の哲学の第一人者」と言われるデネットは、疑義を呈する。「脳を主人と見なすのではなく、気難しい召使」に過ぎないとするのだ。デジタルと人文知と、情報的領域と教養的感性のハザマを考えようとする時、「自分の頭で考える」＝脳の反応／機能だけではないことを思い起こし肝に銘じよ、というわけだ。

実際、デカルトによる心身二元論は、デネットを始めとするＡＩも研究対象の領域とする哲学者たちの間では、あまり評判がよろしくない。「我思う、ゆえに我あり」というテーゼで、精神の存在を身体から切り離し、その精神の所在を脳に求めることで、脳こそが身体の支配者であるかのようなストーリーが組み立てられてしまうことへの懐疑がそこにある。

デネットの先の言葉も、そうした文脈に位置づけられるものだ。


心臓移植の手術では、誰もが提供する側ではなく受け取る側になりたがる。しかし、脳移植手術の場合は、逆に提供者になりたがる。自分は身体ではなく、心とともにあると信じているからだ。多くの哲学者が言うように、メッセージだけ残してメディアを取り替えれば、脳を別のものと交換することも理論的にはできるだろう。（同書）

飄々と語るデネットだが、この心臓移植と脳移植の選択という例題は示唆的だ。人は無意識のうちに、心の、人格の所在を脳に求めるのだ。だが、そこから零れ落ちるものがある。

自分を身体から引きはがそうとしても、哲学者が想像するほどきれいさっぱりと切り離せない。身体には、自分の大部分が含まれている。意義、才能、記憶、気質など、**いま**

ある自分を形づくっているものの多くが神経系に含まれているのと同様、身体にもたくさんつまっているのである。（同書　太字引用者）

単に知識だけでなく行動に移せてこそ教養だ、という言い方が時になされるが、こうした身体性の議論まで視野に入れると、また別の納得感が生まれるだろう。ちなみに日本語のレトリックは奥深いもので、ちゃんと深くものごとを理解する時に、脳の格納庫である「頭」ではなく、〝「腹」に落ちる〟と表現する。知識が知恵になり、身体全体に浸透していってこそ、情報が教養として熟成されるイメージがそこにある。

「設計なき適応」による進化の中で「思考の形態」を発見する時

異色の哲学者デネットの論を通して、精神と身体の、情報と教養のハザマを考えてみたわけだが、数年前NHKEテレの特別番組でAIと人間の関係性をめぐって彼にインタビューを試みた際にも、興味深い言葉を口にしてくれた。

「設計なき適応」こそが人類の進化の歴史の中心にあるというテーゼだ。デネットの着想の本質が集約されたこの言葉は、「脳化社会」への大いなる批判であり、脳の情報処理ですべての意思決定を行っているかのように思いがちな現代人へのあらためての警告だった。あくまで環境への適応を試みようとした「結果」が進化であり、脳の複雑化であるという順序を間違ってはいけない、というわけだ。だからこそ、そこで発揮されているのは、「理解力なき有能性」であるというユニークな表現もそこに加えられた。

そしてこの時、この考え方に現代人が馴染むのはとても難しいだろうということを彼が付け加えていたことも印象深い。なぜなら僕らが生きる近代社会の教育の基本は、ほとんどの場合「理解力こそが有能性の根源」という正反対の考え方に支えられているからだ、と。

この刺激的な言葉が並ぶ、ディレクターが収録してきた映像に編集室で初めて接した時、僕は強烈な知的興奮を覚えた。そして、目の前の編集機という道具が、まるでキューブリックの『２００1年宇宙の旅』のモノリスのように感じられたのだ……とは大げさな妄想に過ぎるようだが、脳が逆立ちし、思考が逆走するような不思議な感覚に襲われたのは確かだ。映像というリアルを映しつつもフィクションである奇妙な文明の利器は、時を封じ込めつつも、表現の可能性において開かれている。それは娯楽の装置であり、知を集積する装置でもある。映像という媒体、編集という作業……、この知的でありつつ、泥臭くもある世界のありようは、手作業の過程から目的、使い道を発見する、レヴィ＝ストロース言うところの「ブリコラージュ」のようなものと常々感じていたのだが、その理由がわかった気がしたのだ。野生の知性の到来だ。

編集という作業は、2章でも少し触れたように、映像の論理と言葉の論理のハザマ、せめぎあいの中で進む。その際、編集機に、ある映像をここから始めるというイン点、ここまで終わるというアウト点を打ち込み、ある時空で撮影された映像と異なる時空で記録された映像とを組み合わせていく作業が行われるわけだが、このつながる瞬間は、実に肉体的なのだ。今でこそ、パソコン編集ソフトが広がり、パソコンのキーボードを用いての作業となってしまったが、かつての編集機は、幸か不幸か、専用の大仕掛けで、ジョグを用いてポイントを定め、パンチラインを指先で打ち込み、一気にRECボタンを押す、という両手を用いる一連の作業の中にあった。それは二つ並べてボンゴを叩くかのような、リズミカルな身体性とともになされる動作を要求していた。その時代の編集作業の過程で得た肉体的な感覚は、今も体内に残る。九〇年代半ばぐらいまでテレビの映像編集において編集機に向き合う仕事は、少なくとも僕にとっては全身体を動員する感覚を伴うものだった。視神経と脳と指先が繋がり、一瞬のうちに刻まれるインとアウトが、突如異なる世界へとワープさせる……、そう、妄想を許されれば、モノリスだったのだ。それは脳のみを働かせるような活動ではなく、指先も手も腕も、身体も反応する過程であり、脳を中心に考えるという行為をどこか反転させるイメージを生んでいた。編集は身体で覚え、身体に侵入する感覚だった。

当然、そのメカニズムは思考の形態にも影響を与える。

2001年ぐらいから完全に清書まで手書きにしちゃったんだよね。そしたらね、本当に楽しいんだよね。パソコンだと、キーボードだと、作業になっているんだよ。

手書きは本当にね、フィールドスポーツなの。サッカーみたいな感じで。

本来人間が使ってきた、全身使った思考のあり方と、猫の思考のあり方と、鳥の思考のあり方と、カマキリの思考のあり方と……、それを思考と思っていなかったわけ。**小説が思考の形態なんだ**って。

（「ネコメンタリー　猫も、杓子も。「保坂和志とシロちゃん」」ＮＨＫＥテレ　２０１８年８月６日）

こちらも制作の過程で遭遇した印象深い言葉だ。猫を愛してやまない作家、保坂和志さんの発言。「小説が思考の形態」とは、小説家ばかりでなく、あらゆる創造、創作に関わる人々を刺激する言葉ではないだろうか？　保坂さんのような大作家の話の後ではおこがましいが、僕も長い文章を書く時、ずっと同じパソコンの前で作業するということができない。無意識のうちに環境を変え、別のノートパソコンに変え、時にプリントアウトして移動の電車で走り書きし、歩きながら口に出してグーグルドキュメントに記録し……、といった具合に様々な場へと動きながら、様々な媒体を組み合わせながら、つなぎ合わせる。それは、無意識に身体性を取り戻し、同一のパソコンの前で何かが、自然な息遣いのようなものが固定化されてしまうことから、極力逃げ出そうとしている感覚なのか。考えることにも、書くことにも、身体性が、運動性がある。
それは生命体としての進化の歴史の中に埋め込まれた記憶なのか？ 書くことも、映像を紡ぐことも思考の形態なのだ。

時計の針が「逆戻り」する時代の精神の運動

デネット、保坂さん、共振する言葉をヒントに、自らの仕事を通して思考の形跡を追うことで、あらためて情報と教養のハザマに想念を遊ばせるなら、その決定的な違いはダイナミズム、運動性にあると言えるのかもしれない。

教養的なマインドの真骨頂は思考の過程そのものにあり、情報として捉えた当初の見解が最終的には変わってしまう、メタレベルの高みへと登ることで、異なる表現の形態を取るということではないだろうか。山道を登って行く時に、同じ方向を一段また一段と、高いところから眺めることがある。山を取り巻く螺旋状の道を登れば、同一の位相からの光景に、少し異なる視界で何度も出くわすことになる。その時、もう一段高いところから見ることで、見えなかったものが見えてきたり、俯瞰する視野の中での相対的な位置関係がクリアになっていく。あの感覚だ。教養は、いつも動きながら、歩きながら、全身を没入させ身体の可能性を解放していく過程の中にあるのだ。そして、いつも異質なものと衝突し、取り込んでもいく。固定化された知識、ジャンルとしての教養、そこから逃れ越境していく時が楽しい。

環境への適応がたまたま生んだ、この高度情報化社会。そこでは、ひとまず脳を主体とする情報処理が最も求められる能力であり、実際、学校でも職場でもその能力への評価に重きが置かれることである程度機能してきた。しかし、今一度繰り返すが、あくまで、近代という時代、過渡期のデジタル社会という環境への結果としての脳重視、能力＝脳力とでも言いたくなる状況が生んできたものだ。まるで、ＩＴ、ＡＩの開発が折り返し点であったかのように、時代の針が逆戻りし始めたとも思える。もちろん、それは単なる「逆戻り」ではないことは明らかだが。

こんな逆走を始めた感覚が頭をよぎる面白い時代に、最近はテレビ番組ばかりでなく、ＷＥＢコンテンツの制作にも関わることがある。そこでもテーマは新時代の教養だ。「LIBERARY」なるサイトで、ビジネスパーソンたちに、それこそ頭だけでなく全身で浴びるようにリベラルアーツの海に漕ぎ出してもらいたくて、森羅万象、自然科学、社会科学、人文科学……、あらゆる学問領域の知の最前線を語ってもらう動画を揃えようとしている。その過程でも、やはり僕自身心躍るような感覚を覚えるのは、そこにある、ある種の跳躍の瞬間だ。様々なテーマで語られる知のハザマで、テーマからテーマへと飛ぶ過程でエウレカが湧き起こる。「ダンゴムシに心はあるのか？」という問いかけを受けとめ考えているうちに、「ビデオゲームの美学」が言語化できない現代のかけがえのない感性を照射していることに思いを馳せ、精神科医によって語られる「現代人が失った働く意味の取り戻し方」の話がいつの間にかつながってしまう……という具合に、動画から動画へ、コンテンツ・サーフィンをしているうちに、様々な話に奥行きが生まれ、立体的に響いてくる。

情報と教養のハザマを、思う存分、時代の変化を頭からつま先まで、全身で真摯に受けとめていく覚悟があれば、「成長」を越えた「進化」が生まれることだろう。その状態を表現、描写する為には、自ずから新たな言語も要請されることになるのかもしれない。「情報」で捉えた、聖俗、硬軟、様々なジャンル分け、判断の背後にある価値観を疑い、そこに亀裂を走らせる「教養」は時に野性的で反文明的にすら見えることもあるだろう。安易に「わかる」ことを知性とするのではなく「わからない」状態を楽しめる、自由な精神の運動だ。新時代の情報と教養のハザマには、ラディカルな形容矛盾の世界が蠢いているのだった。

4章　「伝える」と「伝わる」のハザマで

「もっとフラットに」？　演出におけるイメージを「伝える」難しさ

「もう少し、フラットな感じでお願いします」

ディレクターが、トークバックを押しながら、にこやかに伝える。ブースの中のアナウンサーも屈託なく、

「ちょっと力が入っちゃいましたかね……、重かったですか？」

笑顔で答え、収録が再開する。

日常的なナレーション録りでのよくあるやり取りだ。声のトーン、テイストをどう伝えるか？　その共有は本当に難しいと毎回思う。重く、軽く、しっとり、乾いた感じ、暗く、明るく……。映像に、添わせるように乗せる言葉の連なりは、番組のトーンを左右する大事な仕上げの過程だ。アナウンサーや役者さんたちの腕の見せ所であることはもちろんだが、ディレクターにとっても微細なテイストの違いを引き出し、映像との掛け算を豊かにするためのイメージの共有に向けての試行錯誤のひと時。

言葉にならない感覚を言葉にして伝える。そこには、本当に様々な、人の組み合わせの数

だけ、「伝える」ことの試行錯誤のパターンがある。また作品によって目指されるゴールの違いでも異なり、その伝え方に正解などないのはご想像の通りだ。感情的な爆発の表現を、論理的に説得するのが近道のこともあれば、激しい情念のうねりを演出サイドが示してみせ、そのまま伝染するように表現者に伝わることもある。演出というものの最も難しくて面白い世界が広がっている。

だがただ一つだけ言えるとすれば、演出サイドが「手本」をやってみせ、役者さんなど表現者に「そのまま」模倣してもらおうとするやり方は、多くの場合うまくいく確率が低いということだ。僕のささやかな経験からの実感なのだが、時々器用な演出家がいて、情感豊かに「完成形」に近いテイスト、トーンで演じてみせることもあるが、そんな時、そのやりにくさをやんわりと間接的な表現で伝えてくれる役者さんもいる。

「そんなにうまくできるなら、Aさんがやってくれた方がいいんじゃない？」

ディレクターが頑張って先に模範を示した時、表現者たる役者さんなどが笑いを誘うように半ば冗談めかしながら本音を表明する場面に何度か遭遇した。その気持ちはよくわかる。表現は演技者自らが生み出さないと、表現にならない。自由な解釈の想像力にストッパーがかけられてしまうような状況は、お互いに避けたいところだ。仮にマジメで律儀な役者さんがその形を受け、演出家そっくりになぞろうと試みてくれても、異なる身体性、精神、思考法、感受性を持つ彼ら彼女らからでは、当然そのままにはならない。他者たる表現者からは、もっと別の形が、さらに豊かな広がりのある表現が生み出されなければ、創造的な行為とは言えないのだ。

そこには「伝える」思いと、実際に「伝わる」ことの乖離、ハザマでの暗中模索がある。

人間は皆ブラックボックス「人の数だけ認識の仕方はある」

演出家、ディレクターの仕事は、不思議な両義性の中にある。たとえば、冒頭に触れたような、ドキュメンタリーのナレーション収録というシンプルな演出の場合でも、演出家の心の中に既にイメージはある。そのイメージを実現するために、プロデューサーとも相談の上で、今日は○○さんという役者さんにブースに入ってもらっているのだから。そして○○さんなら、こんなシーンならこんなトーンで言葉を発し、映像に力を与えてくれると、仕上がりのトーンも構想している。

だがその期待は、いつも裏切られることで成就する。もちろん良い意味で。「想像を超える」とは演出がうまくいった時の常套句だが、文字通りなのではないかと思う。異なる個体、異なる感受性を持つ受容者と発信者の対話。そこに行き交うのは、情報、感性……、傍で見ている分には、ある種のシグナルの行き来ということになる。そこに、どんな化学反応が生まれるか?

だから時には阿吽の呼吸で、なんらコミュニケーションなど成立していそうもないのに、気配だけで察知し、演出家と表現者だけでわかり合うというケースもあるだろう。その時、プロデューサーは想像力をたくましくさせ、その進行を見守りつつ、同時に多くの視聴者、聴取者にはどう響くのか、こちらも想像力を全開にさせるしかない。いつも、現場独自の「わかり合い方」があること、符号の一致のさせ方があることを念頭において、柔軟に対応することになる。

3章でも、単に脳による情報伝達で「伝わる」ことが成就しているわけではないことを、心の哲学の第一人者ダニエル・デネットの言葉を引きながら考えてみたが、人間の身体総体が巨大なブラックボックスだとイメージした方がよいのではないだろうか。認識の海を湛える広大な宇宙が、それぞれの銀河系を形成している。こんな形容をすると壮大な話のように聞こえるが、何のことは無い、実は僕らは皆毎日のようにこの不思議さに驚かされていると言えるのではないか?

「あの部長苦手だな、詳細なレポートを出してもいつも想定外のところを突いてくるんだもの」「え、あの映画を見て、そんなことを考えていたの?」など、日々、悩まされ、楽しまされてもいる。だから、もちろん「人間だもの、人間みんな一緒」というテーゼも真だが、同時に「人の数だけ認識の仕方はある」という言葉も重みを持って、この社会を生きていく上では重要になってくるというわけだ。「みんな一緒」と「みんな違う」のハザマを学び、どちらにどうウエイトを置いて考えるべきか？　都度都度学んでいくのが、人生修行というもののような気もしてきた。

信頼も社会も「複雑性の縮減」でしか成立しない？

なんだか、「渡る世間」を考えるような話になってきたが、そこに「鬼」はいるのかいないのかはさておいて、この世間という広大な大海原で人と人がわかり合うことの難しさと面白さは、変わらないと言えば変わらない。だが、まあ一般的には、多くの人々がネット社会の光と影も一通り経験し、「分断」が叫ばれる時代、難しさの方が増していると言わざるを得ないだろう。現代社会の「複雑化」は、あらゆるジャンルで、抱える課題に斬り込もうとする時に、嫌というほど耳にする常套句だ。

そんな時代に向き合おうとする時、社会を解明する鍵となる概念として「複雑性の縮減」をあげる思想家の存在を思い出した。一九六〇年代から九〇年代にかけて、社会学の世界で大きな影響力を持つに到った巨人、ニクラス・ルーマンだ。名前ぐらいは知っていたが、今まで不勉強にしてあまり読む機会がなかった。しかし最近たまたま接し、その発想の面白さに引き込まれている。たとえば、「信頼」という社会を成立させる大事な行為の本質について、彼は言う。

信頼とは、最も広い意味では、自分が抱いている諸々の〔他者あるいは社会への〕期待をあてにすることを意味するが、この意味での信頼は、社会生活の基本的な事実である。もちろん人間は、様々な状況において、特定の点では信頼を寄せるか・寄せないかということを選択している。しかし、なんの信頼も抱きえないならば、人は朝に寝床を離れることさえできまい。（中略）**人間は、そのような世界の法外な複雑性に、無媒介で直面することには耐えられない**のである。

（『信頼　社会的な複雑性の縮減メカニズム』ニクラス・ルーマン　大庭健／正村俊之訳　太字引用者）

この食品の安全性は？　この金融商品は大丈夫か？　この歯医者さんの言う通り親知らずは抜いた方がよいのか？　……などなど、現代の社会は、日々判断、選択の連続だ。そうした日常生活の細かな一つ一つの選択的な行動のベースとなるはずの信頼という感情／行為も、すべては「複雑性の縮減」によるものだとルーマンは言う。確かに森羅万象、あらゆる現象に完全なる知識を持ち合理的な判断ができる神ではない以上、専門家の意見、メディアの伝える情報、ネットの口コミなどを総合し、その過程で複雑さを減らし、どこかの段階でそれを「信頼」へと置き換えていく他はないのだ。「システムによって環境の複雑性を縮め減らす」ことで社会は成り立つ。もっと直截に言うなら、複雑さが増す世の中にあっては、か弱き一人の人間にはシステム任せで対応することしかできないという悲観的なニュアンスもその言葉の背景に感じとれる。人はシステムに判断を委ね、単純化することで安心する。

そこでさらに、システムの機能を明らかにしようとするルーマンは、そのメカニズムを決定する本質をメディアという概念で説明する。たとえば、家族というシステムは、愛というメディアを媒介に成立する。学問システムは真理メディアによって、政治システムは権力メディアによって、そして経済システムは、みなさん予想の通り、貨幣メディアによって成立する、という話になる。こうした文脈でメディアという語にルーマンが込めた意味は独特だが、それぞれのシステムが機能する時のまさに媒介、橋渡しを行う要素と捉えれば良いだろう。なるほど確かに、システムによって様々な論理がせめぎ合う社会では、それぞれ独自に複数のメディアが機能することにも意識的にならなければ、思わぬ悲喜劇に飲み込まれかねない。家族というシステムを権力メディアで機能させようとしても哀しい結末しか思い浮かばないし、経済システムを真理メディアで動かそうとするのも無理がありそうだ。また視点を変えれば、単一のシステムのみが肥大化し他のシステムの機能まで妨げるに到った時、社会は迷走するであろうことも納得できる。経済システムのみの肥大化は、現在多くの人々がすぐ思い浮かべる話かもしれない。

「コミュニケーションだけがコミュニケーションする」世界

こうしたシステム観、メディア観に立って、社会を眺めるルーマンの言説は、さらに過激な表現を取ることになる。「人間はコミュニケーションできない」「コミュニケーションだけがコミュニケーションする」という、実にシュールなテーゼを口にするのだ。なんとも奇妙な同語反復で、この世の中の現象の本質を捉えることを試みた社会学の巨人だが、その論に耳を傾けてみよう。彼の晩年、亡くなる一年前に著された、集大成とも言える大著『社会の社会』の「序言」から引いてみる。

全体社会内でのすべてのシステム形成もまたコミュニケーションに依存する。

(『社会の社会 1』ニクラス・ルーマン　馬場靖雄／赤堀三郎／菅原謙／高橋徹訳)

こう宣言した後で、こんなくだりがある。

コミュニケーションはいつも、自身がコミュニケートしているということもコミュニケ

ートしている。またコミュニケーションは、過去にさかのぼって自分自身を修正することもできるし、「そう意図していたように見えたかもしれないが、実際はそうではなかった」と異を唱えることもできる。（中略）したがって、そもそも**コミュニケーション自体が生じていなかったなどと主張することは、実際には不可能**なのである。（同書　太字引用者）

コミュニケーションは、その非成立のコミュニケートまで含めて、常に存在している。メディアを介するシステム内にあっては、コミュニケーションはひとたび発動されたならば、半永久的に循環する。それを回避することは不可能だとルーマンは続ける。

回顧することによって、規範や弁明が生じてくるのだし、配慮せよとかあえて見て見ぬふりをせよとかいった要求も生じてくる。このようにして**時に攪乱が生じるとしても、コミュニケーションはそれを無害化しつつさらに続ける**ことができるのである。（同書　太字引用者）

かつて「欲望の資本主義特別編　欲望の貨幣論２０１９」（ＮＨＫＢＳ１）で、岩井克人さんが提示した「自己循環論法」を思い出す。「貨幣は貨幣であるから貨幣である」。そこに根拠はない。貨幣に価値があるとすれば、それは単に他者が受けとってくれるからである、と。

コミュニケーションもまた、あるシステムの中の媒介として発動してしまえば、常に自動的に生成されていくというわけだ。それは、ある時、話者の意図など越えて展開していってしまう。まるで、心が伴わない言葉がツルツルとチャットで自動生成されていく瞬間のように。二〇世紀後半に遺されたルーマンの洞察は、AI時代のリアリティを先取りしているかのようだ。

社会が動くことに根拠はない？　ルーマン／安部がつながる瞬間

こうして、システムこそ最強であり、そこでは発話者の意図はもちろん、コミュニケーションという過程そのものに、もはや、人間の「主体的な意志」など介入できないかの如き無力感に包まれる。「信頼」も「対話」も、神無き時代に巨大な無限回路の中を生きる小さな存在＝人間の幻想だったかのように。

「伝える」と「伝わる」のハザマで、まるで『キューブ』のような世界の始まりも終わりも無い、途方に暮れる感覚を味わう時、これはいつか迷い込んだ迷路だったのではないかとふと気づき、本棚の奥から古ぼけた一冊の文庫本をひっぱり出した。『人間そっくり』。一九六七年、安部公房による〈日本ＳＦシリーズ〉の一冊として世に出た作品だ。赤茶けた最後のページには、昭和六〇年の二〇刷とあるから、大学生の頃買ったのだと思う。火星人を名乗る男の突然の訪問に翻弄される、ラジオ番組の脚本家が主人公だ。最初は、明らかにおかしい男の言葉、振る舞いをあしらおうとしていたが、その巧みな弁舌によって振り回され、自分自身がいったい何者なのか、だんだんわからなくなってゆく。例によってと言いたくなる安部ワールド特有の奇妙な物語は、主人公の独白から始まる。いつの間にか立場は逆転、おかしな男にされてしまった主人公は、諦めとともに、社会との間でねじれた自らの立ち位置について、こんな風に呟く。

だが、ゆがんだ鏡に、ゆがんだ像が映るのは、むしろ道理にかなったことで、逆にまともな像が映ったりしたら、それこそ道理の敗北ではあるまいか。（後略）

いや、よそう。いたずらな弁明は、かえって容疑を濃くし、自分を不利におとしいれるだけのことだ。狂気の疑いを解くのに、いくら正気を主張してみたところで、なんの役にも立ちはしない。今はとりあえず、ゆがんだ鏡を、ゆがんだ鏡と認めてもらえさえすれば、それでじゅうぶんなのである。

（『人間そっくり』安部公房）

経験律の範囲内で支えられた社会の存在根拠など、実は薄弱だ。その後小説の中でも、その論理が通用しない「トポロジー」「位相幾何学」の空間の話が出てくる。たまたま、「ユークリッド」的に世界を認識している僕らには与り知れない「トポロジカル」な世界も存在するはずであり、そこでは、今僕らが感じている根拠など簡単にどこかへ吹き飛んでしまう恐れが語られる。

社会というシステムの中では、「当たり前」のことこそ、その証明は難しい。

たとえば、あなただって——もし、本物の《人間》であるかどうかの、物的証拠を求められたとしたら……おそらく、腹を立てるか、一笑に付してしまうにちがいあるまい。そもそも、人間が人間であるということは、平行線の公理と同様、証明以前の約束事なのだ。(後略)

そう、ここは一切の釈明が論理的に成立ちえない、狂気の法廷なのだ。しかし、いくら狂っていようと、法廷であるかぎり、容疑の否認だけで無罪を認めてくれるほど、寛容であったりするはずがない。いったん容疑者として引き立てられた以上、裁判官を説得しうるものは、ただ彼等が直接手にとって見ることのできる、物的証拠あるのみなのだから。(同書)

安部公房の真骨頂たる実存的な不安が、飄々とだが、しかしジワジワと沁みこむように語られていく。その背後にあるモチーフは、数学の証明問題のように徹底的な論理を突き詰めた果てに広がる無根拠の世界と重なるものだ。自らが「まとも」である証明を厳密に求められるほどに苦しむ主人公は、まるで蟻地獄のようにそこから抜け出せない。そしてここで、うっすら怖くなる逆説に気づく。僕らの社会には明確な論理で動いていることの方が実は少なく、むしろ、ある論理を厳密に追究する時、矛盾と破綻が待っているのではないか。あるいは、その論理に従ってルールを徹底しようとするほどに、その無根拠性に逢着するのではないか、と。存在の耐えられない不安へと辿り着くのだ。

ちなみにルーマンは、若き日に第二次大戦に動員されフランス、アメリカで捕虜になる経験をし、安部公房も戦時下、引き揚げの際に満州での殺伐たる状況を体験している。戦時という極限状態での集団心理への懐疑、実存的不安が両者の精神形成に与えた影響は、決して少なくはないだろう。

「根拠の無い」社会と「根拠のある」物理法則のハザマで

こうして『人間そっくり』の主人公は、「伝えたい」ことが「伝わらない」、そして「伝える」つもりもないことが「伝わる」ことになってしまうハザマでもがくのだった。小説内で展開する火星人を名乗る男とのやりとりも、大学時代に読んだ時は奇妙な感覚とともにユーモラスな印象が強かったが、それから四〇年経った今は怖かった。多少なりとも様々な経験をして、貨幣に劣らないほどに、公理のような無根拠の約束事で成り立っていることの方がこの社会には多いことを知ってしまったからなのか。根拠はないのに社会は動く。

システムだけが強大化していく社会の中で、「コミュニケーションだけがコミュニケーションする」。ルーマンの言葉が、まるで安部作品の批評のように響いてくる。

「僕らの世界でコミュニケーションする時、そこにアンビギュイティは無いのです」。社会学と文学のハザマで悶々としていたら、パソコン画面の中から明晰な宣言が聞こえてきた。声の主は、量子重力理論で世界の最前線を走るカリフォルニア大学バークレー校物理学教授、野村泰紀さん。マルチバース宇宙論で名を馳せる彼とのオンラインでの打合せの際のこと。数年前に知り合ったのだが、気さくな人柄の野村さんの言葉はいつも明快だ。

「時間、空間、物質……、本当は一体何なのか？　ずっと考えているわけですが、それを明らかにするのは、数学という言語ですからね。そこで、曖昧さは排除されるのです」

しかし、その厳密な言語による思考の結果が、今僕らがいる宇宙は「無数にある宇宙」のたった一つに過ぎないという、革新的なマルチバース宇宙論へとつながっていくのだから面白い。ニュートン力学から抜け出し、量子という認識法を獲得したことで開かれた、新たな世界の可能性。それを理解しようとする時発動しているのは、単なる想像力ではない。数学的な論理の積み重ねであり、その延長線上にまるで虚構のような物語が生まれるのだ。

論理の果ての想像力。徹底して根拠を求めていく作業と、無限の想像力は矛盾しない。そこに、ルーマン、安部という二人の先達の探究の姿勢と共振するものを感じる。アンビギュイティ無きリアリズムで現実に向き合うからこそ、そこに生まれる壮大な物語。それは、あたかもリアルとフィクションという境界すら越えたかのようだ。そして異なる無数の宇宙が織り成すのが、この世間、この社会なのだという認識まで広がれば、なんだか楽しくなってくる。

本書のテクスト自体が、コミュニケーションの試みである。本書では今スケッチしてきたような窮状を十分に理解しつつ、全体社会を記述すべく努めている。もし全体社会の理論というコミュニケーションがコミュニケーションとして成功するならば、そのコミュニケーションは対象〔つまり全体社会〕の記述を変え、したがって記述を取り入れる対象を変えるだろう。この事態を最初から視野に収めておけるように、本書には『社会の社会』というタイトルがつけられたのである。

（『社会の社会 1』ニクラス・ルーマン　馬場靖雄／赤堀三郎／菅原謙／高橋徹訳）

終わりなき「社会の社会」の「対話の対話」。「コミュニケーションだけがコミュニケーションする」状況自体にポジもネガも無い。見えない世界に根拠を見出し生き生きと語り続ける野村さんの姿、息づかいに元気づけられ、ルーマン、安部の一見ペシミスティックな風景の向こう側にある希望に想いを馳せた。「伝える」と「伝わる」のハザマが、現代物理の最前線を補助線に、一瞬埋まった。緻密に思考し続ければ、そこに強度さえあれば、「伝わってしまう」のだ。それが別の宇宙を介して実現することかどうかは、また別の話だが。

5章 「多様性」と「協調性」のハザマで

多様性が発揮されたら協調性は失われる?

「ウーロンハイ、一つ!」「ジンジャーエール、お願いします!」

隣の席で始まった、どこかの職場の慰労会。若手から壮年、老年の管理職まで、十数名がテーブルを囲み、次々に元気よく注文が飛び交う。「僕は、ワインの白を」「私は、ウーロン茶にしてください」気持ちよいほどにバラバラだ。「当たり前」の話だと思うが、こんなことすら残念ながら昭和の時代はなかなか「当たり前」とはいかなかったのではないだろうか? 特別に上下関係に厳しい会社だけの話ではなく、こうした場で若手社員が最初にビール以外のものを注文しようものなら白い目で見られ空気が淀み、明け透けな中年管理職から「お前、協調性ないな」などとなじられてしまう……、そんな光景を酒場でしばしば見かけたかに記憶する。

「協調性」という言葉で個人的に思い出すのは、就活生だった頃、とあるマスコミの面接試験でのやりとりだ。自らの自己分析を求められた時のことだった。どんな状況でも比較的冷静で、人とは異なる自らの視点、考え方を持てるタイプだといった内容をアピールしていた時だったのではないかと思う。突然一人の面接官が僕の言葉を遮るように割って入った。

「君、それで協調性は大丈夫なの?」

　僕は「もちろんです。僕がお話ししたのは独自の考えを持って状況に対処できるという意味合いで、チームプレーができないということではありません」と、あわてて付け加えた。「ああ、そう、それならいいんだけれど。僕はまた、気にいらないことがあると灰皿でも投げる人なんじゃないかと思ったんでね」面接官はニヤッと笑い、僕の目を見た。この言葉に、残る二人の面接官もどっと笑って、場は次の話題へとなごやかに移っていった。

　個性的であることをこの場でアピールしても、あまりいいことはないよ……。あの時の目は、そんなシグナルのように見えた。今にして思えば、僕に問いかけた面接官は、助け舟のつもりでこんな質問をし、仲間内での笑いを誘ってオチをつけてくれたのだろう。

　あれから時代は四〇年近く移ろい、多様性の時代だと言われる。いろいろなことが少しずつ変わった。だがともすれば、「昭和的な協調性」を求める声は根強く、いつもどこか亡霊のように響いてくる気がする。そもそも、「多様性」の対義語は、「協調性」などではないはずなのだが、何かがそこですれ違っていると感じる。「多様性」も、「協調性」も、どちらの言葉も、日本社会にあっては、使う人から勝手なニュアンスを投影されて、複雑に乱反射する記号となっているように思える。

「忠誠と反逆が表裏一体」の日本社会

多様性と協調性をめぐるねじれと、ジレンマ。こんな抽象的な概念についてついいろいろと考えたくなってしまったのは、「欲望の資本主義2024」の制作にあたって、日本の会社のあり方、この時代にあるべき組織の形について格闘したからだった。これはもう、経済学、社会学、社会思想、社会心理学、文化人類学、比較文化……、様々な学問分野が触手を伸ばす、百家争鳴の大問題、難問であることは言うまでもない。

大上段に構えても仕方がない、まずは基本から。労働法、社会政策の専門家、濱口桂一郎さんの著書を開くと、いきなり興味深い記述が目に飛び込んできた。欧米のジョブ型社会での「争議」はビジネスライクなものであり、「決して逆上して怒りのあまりやる」のではなく、単に「経済的に自らの利益を上げるためにやる」のだと明言した上で、日本の争議にあって見え隠れする労働者たちの心情について、濱口さんはこう解説する。

では、日本の社会における争議行為というのは一体何かというと、基本的には同じ集団のメンバー間の近親憎悪的な喧嘩です。（中略）同じ仲間であるがゆえに憎み合い、血で血を洗う争いをするという世界です。しかも、やり過ぎると組合員の中の穏健派がすっと逃げていって、第二組合を作ってしまいます。これは丸山眞男の有名な言葉でいえば、まさに忠誠と反逆が表裏一体だからだろうと思われます。（『ジョブ型雇用社会とは何か　正社員体制の矛盾と転機』濱口桂一郎）

「忠誠と反逆が表裏一体」とは、もはや『仁義なき戦い』の世界ではないか。丸山眞男が論じたのは、幕藩体制の解体から明治国家の建設へと転換する時代に生まれた葛藤、相克の時代から読み取れる日本の精神風土への分析だが、それは、昭和になっても長らく、様々な集団に受け継がれていったことを、あらためて濱口さんは指摘する。卑近な言い方をするなら、日本の組織社会には、親分子分のような独特の関係性が否が応でも持ち込まれてしまいやすい現実があるというわけだ。現実というのが言い過ぎであれば、少なくとも戦後長らく、仕事と人格や人間性に線が引けないままに多くの会社組織の形が出来上がっていたことの根深さ、と言ってもいい。だから、「近親憎悪的な喧嘩」になってしまう。日本の雇用、会社のあり方を考えていくと、「会社」がひっくり返って「社会」のあり方について深く考えざるを得ない。

もともとこの濱口さんの新書は、書名に端的に表れているように「ジョブ型雇用」という言葉が、いかに誤解されたままに、日本のビジネス社会で広がってしまったか、その危機感から書かれている。日本特有の「メンバーシップ型」が多くの組織で続く中、「成果主義」を実現する為の変革の特効薬であるかの如く語られてしまう「ジョブ型」。現状も歴史も、さらにその処方箋への解釈も、ねじれが生じているというわけだが、そこに様々な概念が反転し、逆説となって働きがちな日本社会の奇妙な力学がある。

多様性、協調性、連帯、結束……日本の集団内で唱えられる概念の深層は？

様々な組織のあり方のねじれ、そしてそこでの権利闘争をめぐる問題は、嫌でも日本社会のあり方をめぐる議論へと行き着く。そして、そうなれば、やはり王道へ。濱口さんも言及した丸山眞男による、日本社会を語る時外すわけにはいかない、もはや古典と化した一冊を紐解いてみる。

日本における統一国家の形成と資本の本源的蓄積の強行が、国際的圧力に急速に対処し「とつ国におとらぬ国」になすために驚くべき超速度で行われ、それがそのまま息つく暇もない近代化——末端の行政村に至るまでの官僚制支配の貫徹と、軽工業及び巨大軍需工業を機軸とする産業革命の遂行——にひきつがれていったことはのべるまでもないが、その社会的秘密の一つは、自主的特権に依拠する封建的＝身分的中間勢力の抵抗の脆さであった（中略）。前述した「立身出世」の社会的流動性がきわめて早期に成立したのはそのためである。政治・経済・文化あらゆる面で近代日本は成り上り社会であり（支配層自身が多く成り上りで構成されていた）、民主化を伴わぬ「大衆化」現象もテクノロジーの普及とともに比較的早くから顕著になった。（『日本の思想』丸山真男）

明治、大正、昭和と、開国の時も戦後の復興も、急激な「近代化」を成し遂げたと語られる日本の変化のスピード感。それは、「国家権力にたいする社会的なバリケード」の「脆弱」さから生まれたと丸山は言う。乱暴に要約するなら、経済的な論理に抗するような、文化的な集団の連帯や結束が少なかったことで、一気に社会が変わった、というわけだ。

ただここでも注意せねばならないのは、僕自身今、「連帯」「結束」という言葉を使って端的にまとめようとしたわけだが、それらの言葉が持つ意味やニュアンスまで、丁寧に想像力をたくましくしなくては、考察もまた、振り出しに戻ってしまうことだ。「多様性」「協調性」と同じく、「連帯」「結束」など、これらの言葉にも、日本社会の中に長年受け継がれてきた、独特のニュアンスが潜んでいるように思われる。みんな一斉に同じものを注文することが言外の圧力のようになっている空間で求められる「連帯」や「結束」も、西欧的市民社会のそれからはねじれた位相にあることは当然と言えば当然という気がする。その意味では、「中間勢力の抵抗の脆さ」と丸山が表現する時の「抵抗」については、今度は逆に西欧社会の視点から見たならば、頑なな自己主張などとは異なるフラットな意見表明、オルタナティブなものの見方の提示として、幅広い意味の広がりをイメージした方が、そのニュアンスを取り逃がさないのかもしれない。

　ともかく、条約改正を有力なモチーフとする制度的「近代化」は社会的バリケードの抵抗が少なかっただけに、国家機構をはじめとする社会各分野にほとんど無人の野を行くように進展した。ただし絶対主義的集中が前述のように権力のトップ・レヴェルにおいて「多頭一身の怪物」を現出したことと対応して、社会的平準化も、最底辺において村落共同体の前にたちどまった。むしろその両極の中間地帯におけるスピーディな「近代化」は制度的にもイデオロギー的にもこの頂点と底辺の両極における「前近代性」の温存と利用によって可能となったのである。（同書）

戦後民主主義の中で、温存された、「前近代性」。いわゆる都市部の中間層は、ひとまず、経済の論理優先で動き激しい変化も厭わないが、政治の中枢や地方村落などは、封建制の名残りのような慣習、文化が支配し続ける。社会のあり方の「特殊性」は、すなわち、日本近代化の歴史の「特殊性」にありという、実に古くて新しい問題そのものになる。戦後日本社会に、戦争へと走らせた「超国家主義」から脱却して、民主主義を根付かせる為に展開された丸山の分析をあらためて嚙みしめる。

「近代化」を進めることが前近代化を招く逆説？

日本の近代化などという大きな問題になってしまったが、それと言うのも、「欲望の資本主義」制作と同時に、二〇二三年春に来日したマルクス・ガブリエルへのインタビューを、あらためて新書（二〇二三年一二月刊）にまとめる仕事がもう一つ、頭の中を占めていたからだ。西欧的な「近代」の価値観が今終焉を迎えつつあると語り、その中には当然の如く日本も含まれるという口ぶりで話を展開したガブリエル。かと思えば、日本社会には独特な「カット」＝「切断／遮断」の様式がある、という見立ても示す。これまた日本社会「特殊論」、日本近代化「特殊論」ではないか？　丸山眞男から半世紀以上の時を経て、今度はドイツ人哲学者が日本社会のある種の分裂を指摘する言説を追いながら、頭がぐるぐるしてくる。

もともとガブリエルは、二〇一八年の来日の際から折に触れ、この国の文化風土に感じる二重の構造について語り続けてきた。だが今回は、今までで最も「特殊性」への言及が目立ったと言えるかもしれない。書籍のタイトルも素直に『日本社会への問い』としたが、日本人は自ら「西欧的なるもの」の像を作り上げ、そこに過剰適応している、そのことでむしろ発展への道を閉ざしているといった類の発言が、様々な表現で何度かリフレインされる。

実際、欧米からの日本社会への分析と言えば、戦後まもなく出版されたアメリカ人文化人類学者による『菊と刀』がその分裂したイメージを欧米社会に広めたわけだが、それはいまだステレオタイプとして残り続けているのか？　現実の日本社会が変わらないのか？　はたまたガブリエルの視点は二一世紀に更新されたもので、新たな認識がそこに広がっているのか？　それを確かめるべく、二度目のインタビューの前には、岡倉天心『茶の本』の言葉をディレクターに託し投げかけてみた。一〇〇年以上前にアメリカの地で英文で著された、日本文化の本質についての考察だ。「一杯のお茶」に託した岡倉の想いにガブリエルがどう答えたかは新書でお確かめいただきたいところだが、『日本の思想』を読んでいるうちに、ガブリエルも首肯するであろう問題認識が、丸山にしては平易に語られているところを見つけた。

ヨーロッパですとこういう機能集団の多元的な分化が起っても、他方においてはそれと別のダイメンジョン、それと別の次元で人間をつなぐ伝統的な集団や組織というものがございます。（中略）ところが日本では教会あるいはサロンといったような役割をするものが乏しく、したがって民間の自主的なコミュニケーションのルートがはなはだ貧しい。（中略）会社であれ、官庁であれ、教育機関であれ、産業組合であれ、程度の差はありますが、それぞれ一個の閉鎖的なタコツボになってしまう傾向がある。巨大な組織体が昔の藩のように割拠するということになるわけであります。（同書）

仕事や学校などとは別の次元で、人と人をつなぐクラブ、サロン的なるものの不在。肩書きにも、背負う背景にも縛られない、個としての風通しの良い交流の空間。意見は意見として受けとめられ、人格の評価と安易に結び付けられない場、というのは言い過ぎだろうか。そうした自由闊達な対話の空間をイメージしながら語る丸山の表現は、ここではアカデミシャンである以上に、ジャーナリスティックなセンスに満ちていて面白い。実は丸山の父は新聞記者、兄はテレビ番組のプロデューサーだったというのだが、そうした背景も影響しているのか、一見晦渋そうな丸山の文章だが、実は遊び心に富んだ比喩、レトリックがところどころにちりばめられている。

「タコツボ」を否定し、伸びやかな対話の広がりを求める丸山の分析は次の件でひとまずのクライマックスとなる。

われわれの国におけるこういう組織なり集団なりのタコツボ化は、封建的とかまた家族主義というような言葉でいわれますけれども、単なる家族主義とか封建的とかいった、いわば前近代的なものが、純粋にそれ自体として発現しているというより、実は近代社会における組織的な機能分化が同時にタコツボ化として現われるという近代と前近代との逆説的な結合としてとらえなければいけないんじゃないか。（同書）

この逆説がなんとも皮肉に感じる。単に前近代的であることを守ろうとしてではない。近代的であろうとすることで、逆に前近代的になってしまう逆説。多様な人々の自由な個性が発揮される場を願う建設的な試みが、いつの間にか、その近代的な意志ゆえに、みんな一緒にがんばりましょうになり、結局は集団を単一の色に塗りこめることとなっていく。そんな悲喜劇が、様々な日本的な集団の場の力学によって起こってしまう、という分析だ。

そして、こう言われれば、あらためて日本の近代文学の歴史も、そんな人間関係の逆説が、重要なモチーフを成していた系譜だったとも思えてくる。漱石なら『草枕』冒頭での「人でなしの国に行くしかない」という嘆きを思い出すし、村上春樹なら「やれやれ」と書くところだろうか。なんともせつなく、やるせない話ではある。

「公」と「共」の間もあいまいな日本の「私」

さて、悶々としながら、やけに古めかしい問題を語っているかのようだが、実はこの構図は、現在進行形の教育現場の話にも響くホットイシューでもある。近年「デジタル・シティズンシップ」という概念が推進されていることをご存知だろうか？　小学校教育からタブレットやパソコンが導入され、子どもたちにもデジタルな世界へのリテラシーが必要となる時代、その時に身につけるべき考え方や行動規範を指すのだが、その教えの中の核になる概念の一つに「責任のリング」なるものがある。同心円で三つの輪が描かれ、一番外側が「公」、二番目の輪が「共」、中心となる三番目の輪の中に「私」がいる、という図に基づく考え方で、たとえばネットでの発信の際も、「私」は、「共」の領域、「公」の領域、どこまで影響が及ぶか、自らの責任をしっかり自覚しようという教えだ。もともと欧米で確立した際には、それぞれWORLD、COMMUNITY、SELFと表記されており、「公」共、「共」同体、「私」という語が与えられたようだ。人が生きる、この社会のありようを三つの位相に分けようというこの分類に、ひとまずは異論がない。

ただ、もし仮に僕がこの図を元に先生として子どもたちに教えることになったなら、三つの円を点線にでもして、フニャフニャに蛇行させ、「共」に触れずに「公」と接点をもつような「私」の領域を作り、まあこういうこともあるよね……と頭を掻きながら、グズグズと生徒と一緒に考えるようなスタイルをとってしまうことだろう。生真面目な生徒からは、「先生、もっとわかりやすく教えてください」と注文されたり、あるいは「正解はどれですか?」と詰め寄られたりするかもしれない。だが、かっちり理念化を進めようとするとタコツボに陥りかねない逆説の力学が働くこの国にあっては、どうも複雑な気分になってしまうのだ。二番目の輪の「共同体」という「バリケード」の弱さは、丸山眞男の指摘から今も変わっていないとしたら?

「私」は「共」に含まれ、さらに「公」に含まれているのだろう、確かに欧米的な理念の上に立って、それぞれの領域があるべき世界を作り出していれば。だがこの国では、「共」同体が、時に悪しき意味でのムラ社会のような抑圧を生むように機能する場合もある。「公」という領域も、市民社会の理念が浸透することが不十分で、空気が支配する世間という相互監視的な関係性を醸し出してしまっていることもあり得る。理念は素晴らしくとも、その解釈を柔軟にし、その本質の伝え方において注意深くあらねば、「近代と前近代との逆説的な結合」がまたも生まれてしまう。

そしてさらにそこで思い出すのは、社会心理学の碩学、山岸俊男さんによる、多くの日本人の常識を覆すような論だ。曰く、日本人よりアメリカ人の方が人を信頼する——。かつて山岸さんが実験によって実証した説だ。人間は環境に適応する動物だ。安全、安心に重きが置かれる日本社会にあって、日本人は信頼という行為が苦手で、リスクを取りながら人を信ずることに賭ける術をアメリカ人の方が知っているというのだった。ちなみにこの話は十数年前の「爆笑問題のニッポンの教養」という番組の中でのものだが、当時山岸さんは、日本社会とアメリカ社会の底流にある文化、慣習、人々に与えるマインドの違いを、実験によって明確にした自負を持っていた。その後世界はフラット化へと進んだとは言うものの、今おて元気であれば、この「公」「共」「私」の概念の日米の差異についても何らかの実験的手法で明らかにしようとしたかもしれない。

ちなみに、番組の中で山岸さんが漏らした、この逆張りのような研究への動機となったエピソードが興味深かった。一九八〇年代アメリカの大学に研究者として赴任していた際に山岸さんが抱いた違和感から話は始まる。

その頃、日本的経営礼賛時代でしたから、日本人は和を尊んで集団の為に一生懸命働く心を持っているから、日本経済は成長したんだよということをみんな言っていたわけですよ。うそじゃないかと思って。なぜうそじゃないかと思ったかと言えば、私は小学校の時に掃除当番が嫌いだったんですよ。周りの僕の友達でも掃除当番好きでやってた奴なんていないんですよ。（中略）先生が監視しなけりゃ、掃除当番なんて誰もやりゃしないですよ。

（「爆笑問題のニッポンの教養「人間は動物である。ただし…。～社会心理学　山岸俊男～」」ＮＨＫ総合　２００７年5月25日）

始まりは小学校の掃除当番だった。この番組シリーズの企画のミソは、爆笑問題のお二人、太田光さんと田中裕二さんが研究者たちと丁々発止、コンニャク問答でその素顔を引き出してくれることにあったわけだが、この時の山岸さんの、小学生の時の掃除当番の際に既に抱いていた疑いの思いが人生を懸ける研究の原点となったという話は、とりわけ心に残っている。

「哲学がない」国・日本の哲学とは？

連想のまま、アマノジャクな学者列伝を始めるわけではないけれど、もう一人、おそらくはご自身の人生の体験も相まって、研究のベクトルを大きく変えた思いを口にした人物がいる。西洋哲学の重鎮、木田元だ。その宣言は、「反哲学」。その名も『反哲学入門』なる著書もある。ヨーロッパの思想の系譜を押さえつつ、同時にそこに挑戦的な一つの視座を提示する、入門書でありながら実にラディカルな書だ。

よく日本には哲学はなかったと言われますが、わたしもそう思いますし、哲学がなかったということを別に恥ずかしいことだとは思いません。「哲学」というのは、やはり西洋という文化圏に特有の不自然なものの考え方だと思うからです。

ですから、自分のやっていることは、強いて言えば、そうした「哲学」を批判し、そうしたものの考え方を乗り越えようとする作業ではないかと思い、それを「反哲学」などと呼ぶようになりました。

（『反哲学入門』木田元）

「反哲学」は、青年期には戦後闇市などで生活の糧を得て、終生のテーマとして、長年ハイデガーの研究に人生を捧げた異色の哲学者が、晩年に至った学問的成果のみならず「境地」と言ってもよいのかもしれない。木田によれば、プラトン以来、ニーチェの問題提起までの長い西洋哲学の歴史は、言わば、日本人の生来持つ感覚からすれば「不自然な」問いの歴史だったという。

西洋という文化圏に特有な「不自然なものの考え方」とは何か？　端的に言えば、まさにこうした「問いの仕方」そのもの、「○○とは何か？」という問い方がその正体だと木田は言う。そして、この「○○とは何か？」という形而上学的な問い方こそが、人間の存在の本質を感じとることの妨げになっているのだとも指摘するのだ。

奇しくもハイデガーによる『形而上学とは何か』という、この文脈にあっては書名自体がブラックユーモアかとツッコミたくなるような書があるが、その序論にハイデガー自身によるこんな述懐がある。

形而上学は存在事物を思考する仕方によって、知らぬうちに人間本質への存在の始源的関与を人間に対して妨げる制限になっているようにさえも思われるのである。
（『形而上学とは何か』ハイデッガー　大江精志郎訳）

「○○とは何か？」この問いが発せられた瞬間、○○の状態を静止させ、一段高い場所から捉えてしまう歪さがそこにある。ハイデガー言うところの「制限」だ。西洋哲学の伝統的な思考様式への懐疑を抱いたハイデガー。そのハイデガーの研究に没頭しつつ、日本社会に生きることを通して「反哲学」へと至った木田。

では、「制限」のない、「不自然」ではない日本の思考、日本の思想はどのように語られることが相応しいのだろうか？

「ない」と「ある」が同時に存在する国の可能性

最後に、今一度『日本の思想』に返る。丸山は、日本人の集団の基底にあるものの見方考え方を掬い取り分析し評論するという実に検証が難しい探究に踏み込み、それを『日本の思想』という大風呂敷と批判されることを覚悟の書名で世に出した思いを、「あとがき」で率直に語っている。そして、その試みの果てで自らが実感した成果を、飾らない言葉でこう記すのだ。

> 私は「日本の思想」でともかくも試みたことは、日本にいろいろな個別的思想の座標軸の役割を果すような思想的伝統が形成されなかったという問題と、およそ千年をへだてる昔から現代にいたるまで世界の重要な思想的産物は、ほとんど日本思想史のなかにストックとしてあるという事実とを、同じ過程としてとらえ、そこから出て来るさまざまの思想史的問題の構造連関をできるだけ明らかにしようとするにあった。
>
> （『日本の思想』　丸山眞男）

丸山自身が施した傍点が、実にしっくりきた。「なかった」と「ある」とを「同じ」過程として捉える……。もはや、禅の公案の如き世界、色即是空、空即是色ではないか。般若心経まで飛ぶのは行き過ぎでも、少なくとも、そこに一枚岩の「戦後民主主義の信奉者」「西欧的近代主義の推進者」の姿はなく、柔らかで伸びやかな、思考の弾力性を感じとる。「西欧的近代」と「日本的近代」といった構図にあって、そのハザマに悩みつつ楽しむセンスが、そこにある。そんな感覚で振り返れば、丸山、山岸、木田……、分野も世代も異なる先達たちは、皆共通して、「なかった」と「ある」を「同じ」として語り始めるような感覚に生きていたように感じられる。

多様性と協調性も「ない」と同時に既に「ある」。そんな感覚でそのハザマを生きていくことが、この国の「逆説」に足を掬われない術だというのは、楽観に過ぎるだろうか。

6章 「承認欲求」と「自己実現」のハザマで

巷で独り歩きする「承認欲求」　そもそも意味されていたのは?

「お前、承認欲求、強すぎー」小学校低学年と思しき子どもが囃し立て、言われたもう一人もそんなに悪びれることもなく「そんなことないよ」と普通にやり返す。街中で耳にした、放課後の子どもたちの他愛のないやりとりの中に飛び出す四文字熟語。そんな光景に遭遇しても今はもう驚かないが、本来ならば心理学や社会学の学術用語だったはずのこの言葉がいつの間にかここまで広がると、やはり少々、複雑な気分になる。

最初に目にしたのは二〇〇〇年代だろうか。SNSの広がりとともに、ネット空間での人々の投稿の背後にあるメンタリティが、自らの「承認」を求める「欲求」が付随したものとみなされ揶揄されるような現象が生まれ、そのうちに自らの優位性をアピールすることを指す「マウンティング」などという言葉も使われるようになっていく。二〇一〇年代以降は、「新世代が解く!ニッポンのジレンマ」という番組を担当していた際も、打合せの時などに「若手論客」たちがじゃれ合うような会話でこれらの言葉を使って笑いを誘いながら牽制し合うやりとりを、しばしば耳にしていた。その意味では、二〇二〇年代に入ってから小学生たちが日常の会話で使うようになったとしても、これも世代を降りていく自然な流れ、時間の問題だったという気がする。そう言えば、櫻坂46が二〇二三年一〇月にリリースした曲のタイトルは、ずばり「承認欲求」だ。今をときめく人気グループが、誰もが「私を見て」「私を認めて」と、「承認」を求めて日々発信競争を繰り広げる時代をシニカルに、批評的に歌い上げる姿に、SNS文化が招いた皮肉な状況をあらためて確認する。

こんな具合にネットから生まれ広がった「承認欲求」だが、ここまで人口に膾炙してしまうと、原初の意味から離れ、もはや別の概念になっているのではないかと疑ってみても、そう不思議なことではないだろう。そもそも、「承認欲求」とは？　検索をかければ、先の櫻坂の名前と並んで出てくるのは、マズローの名前だった。ネット時代以前から、ビジネス書などで、あの印象的なピラミッドの図とともにこの言葉に触れた方も多いのではないだろうか？　いわゆる「マズローの欲求五段階説」だ。

よく知られる、人間の欲求の段階を、五つの階層に分けて図示したピラミッド。人々の欲求は、社会状況の変化とともに「高度」なものへとピラミッドを登っていくように変化していくと語られる。曰く、一「生理的欲求」、二「安全の欲求」、三「所属と愛の欲求」、そして四「承認と自尊の欲求」、さらに五「自己実現の欲求」という具合に。翻訳により多少の表現の違いはあるが、「マズローの欲求五段階説」は、アメリカ心理学会の会長も務めた大家、アブラハム・マズローの名前とともに日本のビジネスパーソンたちに馴染み深い。

動物でもある人間、まずは生存に必要な欲求を満たし、さらに身の安全を確保し、集団への帰属などを欲し、いよいよ文明社会の中で生きていく欲求へ、さらには自分らしさを発揮したい思いへと移っていく、という流れだ。常識に照らしても、なるほど、そんな順序だろうと多くの人々が納得するストーリーではある。実際、これが多くの人々の標準的な理解と言えるだろう。まさに、「衣食足りて礼節を知る」を地で行くような話とも受け取れるわけで、国を越え文化を超え、多くの人々が実感する物語となっていったのもよくわかる気がする。

その中で四段階目に位置すると語られるのが「承認欲求」だ。三段階目の「所属と愛」と五段階目の「自己実現」間に挟まれた、「承認欲求」。「自尊の欲求」というのもセットで語られているわけだが、そもそも原典はどんなニュアンスだったのか？　さらに「承認欲求」と「自己実現」という二つの欲求の段階を分かつものは何なのか？

「マズローの欲求五段階説」における「承認欲求」の重点は「自尊心」？

五層のピラミッドの図はご存知でも、原典にまで手を伸ばし確認してみた人は少ないのではないか？　マズロー自身がこれらの言葉にどのような意味を込めていたのか？　僕も、今回初めて分厚い書を開いてみた。しっかりと原初の意味を味わう為にその定義を確認してみよう。

第一に、強さ、達成、適切さ、熟達と能力、世の中を前にしての自信、独立と自由などに対する願望がある。第二に、（他者から受ける尊敬とか承認を意味する）評判とか信望、地位、名声と栄光、優越、承認、注意、重視、威信、評価などに対する願望と呼べるものがある。

（『[改訂新版] 人間性の心理学　モチベーションとパーソナリティ』A．H．マズロー　小口忠彦訳）

「承認の欲求」と題された項目の文章だ。「承認」という言葉に引っ張られると、その行為は、社会の側に主導権があるイメージが強い。もちろん、マズローも評判、信望、地位、名声などを挙げている。しかしそれは「第二」の話であることに注目したい。まずは、「第一」として、強さ、達成、独立、自由などの言葉が並び、根本は自尊心の問題であること、すなわち自らのありように自信を持ちたいという願望であるとしたことは見逃せない。「第一」が実現してこそ、そこに付随して生まれる「第二」の結果が「承認」であり、「承認」は現象のように思えてくる。つまりは軸足があるのは、言わば、自らの心の強固な足場の築き方の方なのだ。この項目は、さらにこう続く。

> 我々は自尊心の基盤を、実際の能力、仕事に対する適切さなどではなく、他者の意見をもとに形成してしまうことの危険性をたくさん学んできた。最も安定した、したがって最も健全な自尊心は、外からの名声とか世の聞こえ、保証のない追従などではなく、他者からの正当な尊敬に基づいているのである。（同書）

他者の目を意識する行為として、ではなく、自尊心という、自らを尊ぶ感情や意識の問題を正面から語り始める。説かれているのは、自らのありようを受け入れ、肯定できる心の強さの大事さだ。

「健全な自尊心は、外からの名声とか世の聞こえ、保証のない追従などではなく、他者からの正当な尊敬に基づいている」この言葉も、自らの主体的な心のありようこそが大事であることを表現する力強い言葉だと思うが、「正当な」に傍点が振られているのも興味深い。何をもって正当と考えるのか？　そこにも自らの価値観を信じることができる自信、心の強さが強調されているようにも読めるのだ。

この「承認の欲求」という項目の内容を丁寧に読むだけでも、原典においては、自らの存在への不安などから世間に求める欲求という、現代に多く流布するニュアンスからはかなり遠い、むしろ対極にある意味内容ではないかと思われるのだ。

四段階目の「承認欲求」から最終の「自己実現」へと到る境地

「承認」の欲求を満たした上で、さらに上位に現れる「自己実現」という欲求の段階については、さらに多くの言葉が費やされているのだが、マズロー自身の言葉を丁寧に辿っていくと、「承認欲求」同様、一般のビジネスシーンなどでイメージされているものとはかなり異なるイメージがあふれ出してくる。次に語られる「そのような人々」とは、「自己実現」を成就した人々のことを指している。

そのような人々にとっては、いかなる日没でも最初に見たのと同じように美しく、百万本の花を見た後でさえも、どんな花でもあっと驚くほど愛らしいのであろう。千番目に見る赤ん坊でも、彼にとっては最初に見た赤ん坊と同じように不思議な生き物なのである。（中略）もちろん、彼らが常にこのような激烈な感情にとらわれているわけではない。それは、いつもというよりは、時折のことで、思わぬ時にそのような感情になるのである。たとえば、渡し舟で一〇回川を渡った人が、一一回目の乗船の時に、初めて彼

が渡し舟に乗った時と同じ感情、美的印象、興奮が再現するのを感じることもあるであろう。（同書）

素朴な表現で端的に言い換えれば、何気ない日常の中に、日々新鮮な喜びを見出せること、ということになるだろうか。瑞々しい感性を失うことなく、あらゆる事象との遭遇を楽しめる精神の状態が表現されている。こうした表現に接する限り、マズロー自身によって語られる「自己実現」、それは野心的なビジネスパーソンによる野望の実現でもなければ、教条的に倫理を説く活動家による楽園完成の夢などでもない。華やかな「社会的成功」「社会的達成」などとはまったく異なる心の状態であると言えるだろう。この「自己実現」の欲求の充足の段階に至っては、マズローは次々に豊かな文学的なレトリックを繰り広げて、童話作家か物語作家のように、自ら楽し気に言葉を連ねている趣きがある。こんな件もある。

彼らは、人間性の脆さや罪深さや弱さ、邪悪さを、あたかも自然を自然のままに無条件に受け入れるのと同じ精神で受け入れることができるのだと言わなければならない。誰も、水が湿っているからとか、岩が固いからとか、また木々が緑だからといって、文句を言ったりはしない。子どもが偏りや批判のない無邪気な目で世界を眺め、事実をありのままに観察し、いたずらに論じたり、別のものであればと願ったりすることがないよ

うに、自己実現的人間も自分自身や他の人々の人間性を、そのまま受け止めるのである。(同書)

すべてをありのままに受け入れその状況を楽しめる、とは、少々通俗的な理解に過ぎるとお叱りを受けるだろうか。だが、どんな状況にあっても常に虚心坦懐、明鏡止水とも言うべき心の状態=境地というイメージが湧いてくる。その意味では、「禁欲主義者」と表現されているが、むしろ僕はこの文脈でエピキュリアンを連想した。エピキュリアン=快楽主義者という変換がなされてしまうと少々困るのだが、古代ギリシアの哲学者、エピクロスが原初に説いたと思しき思想の意味合いにおいて、だ。その哲学の主たる目的は、心の平安を得ることを求めるものであり、自然学に基礎を置くことで欲望や激情から生まれる乱れた想念や、死の不安、また神の処罰という迷信から人間を解放しようとするものだったと言えるだろう。その意味でのエピキュリアンだ。

ちなみに、若き日のマルクスが世に出した最初の文章は、「デモクリトスとエピクロスの自然哲学の差異」という学位論文だ。マルクスは、万物の根源を最小単位=原子と考えたデモクリトスの客観的な自然観よりも、デモクリトス派に学びつつも独自の解釈で新たな哲学を生んだエピクロスを重視している。精神を持った人間という主体が、自然と結ぶ関係性の中に見出す「快」の感覚の可能性に賭けること。そこから豊かな偶然性に満ちた、人間と自然との伸びやかな関係性へと希望を見出していったのだが、エピクロスをキーに、マズローとマルクスが繋がることを夢想した。

こうして連想は広がっていくが、いずれにせよ「承認欲求」から「自己実現」へと向かう心の状態にあってマズローが重視したのは、囚われのない柔らかな心のありようであることは確かだ。そしてその礎になっているのが、自尊心であることは間違いない。

デジタル資本主義の暴走に対抗する力を秘めたカントの「尊厳」

自尊心という言葉も、現代では人により受けとめ方が異なり、使い方が難しいように感じる。単にカタカナで「プライド」などと表現すると、イメージが独り歩きしてしまう。以前大学で「人生にとって最も必要なのは○○、不必要なのも○○」という一文にあなたなら何を入れるか、問うてみたことがあるのだが、その時も「プライド」という答えが学生たちの支持を集めたことを思い出す。「自尊心」「プライド」のニュアンスには、ある種のナルシズムを想起させてしまう面がある。

だが、そのややこしいイメージのある自尊心を培うもののさらなるベースとなる「尊厳」という概念まで行くとどうなるだろうか？　ある意味、敬して遠ざけられそうな「尊厳」だが、僕自身大きくその概念が揺さぶられる経験をした。「欲望の資本主義」の特別編で、経済学者、岩井克人さんにご出演いただいた時のことだ。仮想通貨／暗号資産などに関心が高まり、デジタル資本主義が席巻しようとする状況にどう向き合うべきか？ ブロックチェーンという技術によって、利便性と引き換えにすべての取引が記録として残る状況をディストピアと断じた岩井さんは、同時に「利潤が損失を上回りさえすれば良い」という極めてシンプルなルールによって世界に広がったグローバル資本主義の抱える脆弱性への危機感を語った。そして、現実の資本主義の激流に対抗する手段として、ある人物の「尊厳」論について語り始めたのだった。

どうやって人間の尊厳を守るか。今まさに欲望の資本主義の時代における、最大の問題の一つです。貨幣を生んだ資本主義というのは、非常に普遍的な存在でほとんどもう、引き算の問題でしかないと。この普遍性に対抗するには、やっぱり普遍的な原理が必要であって。同情とか共感とか連帯とか愛情とかに依存しない、普遍的な原理が必要であると。

（「欲望の資本主義特別編　欲望の貨幣論２０１９」ＮＨＫＢＳ1　２０１９年7月14日）

精神論的な戒めや警告などではなく、「普遍的な原理」と岩井さんが表現されたことが新鮮だった。そして、際限のない貨幣への欲望に対抗する為に岩井さんが引っ張り出したのは、近代哲学の祖、イマヌエル・カントだった。

目的の国では、いっさいのものは価格をもつか、さもなければ尊厳をもつか、二つのうちのいずれかである。価格をもつものは、何かほかの等価物で置き換えられ得るが、これに反しあらゆる価格を超えているもの、すなわち価《あたい》のないもの、従ってまた等価物を絶対に許さないものは尊厳を具有する。（中略）

このような尊厳を価格とならべて見積ったり、或いはこれと比較したりすることは、絶対に不可能である、そのようなことは、尊厳の神聖性をいわば冒瀆することになるであろう。

（『道徳形而上学原論』カント　篠田英雄訳）

カントならでは、と思わせられる難解な文章だが、表現されている構図自体はシンプルだ。人間の尊厳だけは絶対的なものであり、市場価格のように相対的なものと比べることなどできないという宣言だ。確かに、すべての人間は、心の迷いと欲望を抱え、これに関するものには市場価格がある。だがそれに対して、人がある目的を叶えようとする意志、行為には、相対的な価値である価格ではなく、内的な、絶対的な価値がある。それが尊厳だというわけだ。カント／岩井さんの尊厳論を聞こう。

尊厳というのは、どういうことかと言うと他のものに交換できない何か。カントは、物は価格を持っている、それは交換できるから。人間だけは他と交換できないと言ってるんですね。

貨幣は、本来人間を匿名にするんです。これが貨幣の最も重要なところなんですね。匿名ということは、人間が、他の人に評価されない領域を自分でちゃんと持っているということで、それが人間の自由なんですね。自分自身の領域を持っているということが人間の自由で。自分で自分の目的を決定できる存在というのは、その中に他の人間が入り込めない余地があるわけです。そこが人間の尊厳の根源になるわけです。

（「欲望の資本主義特別編　欲望の貨幣論２０１９」ＮＨＫＢＳ１　２０１９年7月14日）

形而上の論理としばしば思われがちなカントの哲学が、極めて実践的な原理として、しかも生々しいお金の取引に関わる資本主義の現実の中で、有効な思考のツールとして機能することに、知的な興奮を覚えた瞬間だった。ドイツ観念論は少々敬して遠ざけるようなところがあったのだが、カントの可能性に気付かされたのは岩井さんのおかげだ。

ちょっとイヤミな？　カントの人間観察から見えるもの

文章から受ける気難しい印象とは裏腹に、冗談やシャレも飛び出す楽しい講義で有名で、気さくでチャーミングな人柄だったと、しばしば語られる、カント。絶対に侵してはならない尊厳の基底となる、カント思想の中心を成す「道徳心」についても、こんな風に語っている件がある。

道徳性などというものは、人間がうぬぼれによっていやが上にも高められた想像力を逞しゅうして拵えあげた妄想の所産にすぎないとして、これを嘲笑する人達がある。この人達には、義務に関する諸概念は、いずれも経験から引き出されたに違いないということを（なお我々は、安易を好むところから、これらの概念ばかりでなくそのほかのいっさいの概念も、やはりこういう仕方で成立したと思いこみがちである）、彼等に認めてやるのが、彼等にとっていちばん望ましい奉仕というものである、（中略）我々は、いったいいささかの偽りも含まない真正の徳などというものが、この世に存在するのだろうかという疑念を懐く瞬間がある（とりわけ年をとるにつれ、判断力が経験によって

郵 便 は が き

料金受取人払郵便

小石川局承認

1144

差出有効期間
令和8年3月
31日まで

112-8731

〈受取人〉
東京都文京区
音羽二—一二—二一

㈱講談社
文芸第一出版部 行

ご購読ありがとうございます。今後の出版企画の参考にさせていただくため、アンケートにご協力いただければ幸いです。

お名前

ご住所

電話番号

このアンケートのお答えを、小社の広告などに用いさせていただく場合がありますが、よろしいでしょうか？　いずれかに○をおつけください。

【 YES　NO　匿名ならYES 】

＊ご記入いただいた個人情報は、上記の目的以外には使用いたしません。

TY 000072-2401

書名

Q1. この本が刊行されたことをなにで知りましたか。できるだけ具体的にお書きください。

Q2. どこで購入されましたか。

1. 書店(具体的に：　　　　　　　　　　　　　　　　　　　　　　)

2. ネット書店(具体的に：　　　　　　　　　　　　　　　　　　　)

Q3. 購入された動機を教えてください。

1. 好きな著者だった　2. 気になるタイトルだった　3. 好きな装丁だった

4. 気になるテーマだった　5. 売れてそうだった・話題になっていた

6. SNSやwebで知って面白そうだった　7. その他(　　　　　　　　)

Q4. 好きな作家、好きな作品を教えてください。

Q5. 好きなテレビ、ラジオ番組、サイトを教えてください。

■この本のご感想、著者へのメッセージなどをご自由にお書きください。

ご職業　　　　　性別　　年齢

10代・20代・30代・40代・50代・60代・70代・80代〜

聴《さと》くなり、また鋭く観察できるようになると尚さらである)。しかし我々は、それだからといって徳を敵視する必要はない、ただ徳を**冷静に観察しさえすればよい**のである、つまり善を希うことがいかに切実であっても、この願望をそのまま現実と見なさぬことが必要なのである。

(『道徳形而上学原論』カント 篠田英雄訳 太字引用者)

経験や義務からではなく、「自己」から生まれる道徳心。それは観察によって見出すことができるのだという。そして、そうであるにもかかわらず、それは想像力による妄想だと笑う人々、経験からと思い込んで疑わない人々には、思いたいように思わせておけばよいという、ちょっとしたイヤミを感じさせる文章だ。翻訳文だと、生硬な漢語が並び、読み解くのにも疲れるような文章が続くイメージがあるカントだが、先入観を捨てて読んでみると、ところどころにこうした生き生きした人間臭さが感じられて面白い。

そして、さらなるこの文章の面白さは、言葉と論理によってまさに形而上で組み立てられたかのような哲学が、観察という行為によって支えられているとさらりと告白している点だ。想像力でも経験でもなく、観察から導き出される、人間の本源的な性質、それが道徳心だと言うのだ。観察と思考を繰り返し、歩きながら考える人、カントの姿が目に浮かぶ。「ケーニヒスベルクの時計」とまで言われていた規則正しい日々の散歩で巷を歩き市井の人々の姿を目にする時、その観察眼は遺憾なく発揮されていたことだろう。そして、まったく変わらないルートを同じ時間に歩いていても、日々、様々な発見を楽しんでいたことだろう。先のマズローの言葉を思い出してほしい。これぞ、形而上の世界と形而下の世界を自在に往復する、カント流の自己実現というところなのかもしれない。

「承認欲求」と「自己実現」のハザマの向こうに

さて承認欲求と自己実現のハザマをめぐる思考、その連想のおもむくままに精神の運動を楽しんでいるうちに、カントの自由自在さまで辿り着いたわけだが、そうした境地を獲得する為に忘れてはいけない大事な助言を、マズローは残している。そして、自己実現という、子どものように柔軟で伸びやかな、豊かな心の境地へと到るのを妨げるのは、人間の持つ、ある思考の癖のようなものだと指摘する。

いわゆる経験の陳腐さというものは、おそらく、豊かな知覚をそれが有益でも有用でも脅威でもなく、また、自分とも関係がないということがわかると、あるカテゴリーや題目の中に押し入れ、レッテルをはってしまう結果であると考えられるからである。

（『［改訂新版］人間性の心理学　モチベーションとパーソナリティ』A．H．マズロー　小口忠彦訳）

経験や慣れによって、日々の新鮮さや喜びを忘れてしまいがちな人間の性を見つめた上で、カテゴリー、レッテル貼りで「効率的」な整理から日々逃れられない現代人への警告だ。

放っておけば、日々僕らは、「分かる」為に「分ける」作業の連続の中を生きる。様々な分析ツールを使うことに価値があり、そのスピードが優秀さの証しであるかの如く語られることも多い。「分ける」ことで情報を生む方法論が全盛の時代に生きているのだから。実際、今僕自身が向かっているディスプレイの向こうで作動するコンピューターが、「分ける」作業を代わってくれるありがたい相棒であることも間違いない。

だが、「分ける」ことの不幸というものがある。実は「分ける」ことは、部分に分けることで分析を可能にするが、同時に全体を見えなくさせることでもある。「分ける」「カテゴリー化する」「レッテルを貼る」ことが、心の自由自在さを奪っていくこともある。

三〇年近く前、エクセルというものに初めて接した時、便利さとともに、線表の枠組み、ある形式が前提とされるこの状況に複雑な思いがよぎったことを思い出す。利便性と引き換えに、思い思いの線を引く、独創的な関係性の描き方の可能性が失われる危うさを感じたことを。形式は形式として付き合い、その明瞭な情報性を共有するのはもちろん大事だが、そこで目的と手段の転倒が生まれるのも、なんとも哀しい。表の隙間を埋めること自体が目的化する瞬間に、ある種のアパシーが、無力感が生まれる。
安易に「分ける」ことの危険性を考え続けたマズローはこう記す。

たとえば、昔からの問題である情緒と知能、理性と本能、また、認知と動機の対立はそれらが敵対物というよりは協働作用をしている健康な人にあっては、消滅するのが見られた。健康な人は、対立するものを同じものだと言い、同じ結論を示すと考えるので、それらの間の葛藤は消えてしまうのである。（後略）

原則として、あらゆる行為は利己的であり、同時に利己的でないので、健康な人においては利己的であることと利己的でないことの二分性はまったく消え失せてしまう。

（同書）

二分性の消失。語られているのは、「分ける」ことによって生まれた対極の概念を突き詰めていく過程の楽しさと、それらが同じに感じられてくる瞬間の喜びだ。そこに到って、「利己的であることと利己的でないことの二分性」が消えるように、自己のありようも解放され、葛藤が消え調和が訪れるというわけだ。そして、この二分性の消失は、それ自体を意図しているわけではないというのも面白いポイントではないだろうか。

相変わらず、「承認欲求」も「自己実現」も概念としてはある。日々生きていくことは苦行であり快楽でもある。だが、この二分性を味わい思索する過程で、一瞬光が射すのだ。「ハザマの思考」の苦行と快楽も、終わらない。光を求めて。

7章 「ポップ」と「シリアス」のハザマで

表現者が求める「面白くて、タメになる」とは？

「面白くて、タメになる」。様々な領域の表現の仕事に携わる人々にとってひとまずの目標とされる、ある意味、逃れ難い響きを持つ言葉と言えるのではないだろうか。特に教養系、教育系の映像コンテンツにあって、この魔法の呪文のようなシンプルなフレーズの達成が、一つの大事なゴールとされることは避け難いように思う。

ただ同時に、「面白い」という言葉が意味する射程で議論は徐々に分かれていく。理屈抜きの楽しさ、感覚的な興味、知的な企み、深い感慨……言葉遊びのようだが、「面白い」と言ってもいろいろな「面白さ」があり、味わいがあるというわけだ。すると、そのうちに、単なる「面白さ」ではダメだ、深みが欲しいとの意見も生まれ、うわべの「面白さ」ではなく、味わいや骨太なメッセージを大事にしたいという話が、制作チーム内からも湧き上がってくる。そしてそのうち、そうした議論の延長線上で、ただ笑ってるだけではダメだ、やはりしっかり現実を射抜くような表現を目指すべきだ、というような声が生まれてくることもあるだろう。こうした問答を繰り返すうちに、今度は「タメになる」というのも一体どういうことなのか、誰にとって、どのように「タメになる」ことが大事なのか、という疑問も生まれ始める……。こうして、いざ表現を試みようとする段になって、この「面白くて、タメになる」というシンプルなテーゼには、実は多層的な意味が含まれていることに気づくことになる。

偉そうに言っているのではない。僕自身、こうした自問自答の繰り返しの日々だという自覚がある。実際、多くのスタッフとの共同作業、コミュニケーションの過程にあって「面白い」も「タメになる」も、ともすれば聞く人によってまったく異なるイメージを生んでしまうマジックワードのように思えてくるのだ。その時々で意味するものが異なる「面白い」とは？「タメになる」とは？

そこで、表現のテイストなどをもう少し異なる角度から共有する言葉として、「キュート」、「シリアス」、「ディープ」「ポップ」「クラシカル」……などの形容詞が飛び交い始める。素材、内容、構成など話し合った上で打合せの最後には、「今回はポップに行きませんか？」「少しシリアスな方が見る人の心にも届くのでは？」などと口にすることで、演出イメージについてディレクターたちとの意思疎通を図っている自らに気づくのだ。

「ポップ」と「シリアス」。そこから広がるイメージは、あえてカタカナの形容詞に頼らなければ、それぞれ「時流に乗った大衆性」と「真摯な重み」というところだろうか？時に軽妙に、時に重厚に。ポップとシリアスのハザマで。対極にあるかのような二つの感覚のグラデーションの中で、創造の模索は続く。

だが、こうした分類からやすやすと逃れ出ていく一人の表現者のことを、いつも思い出す。あの、ゴダールだ。

ゴダール『中国女』が投げかけるドキュメンタリー論

二〇二二年九月一三日にこの世を去った「前衛の巨人」ジャン゠リュック・ゴダールへのイメージは、人々の間で少々分裂しているように見える。思想的なメッセージ性から難解さを感じ取り、そのシリアスさを語る人もあれば、一方でポップでオシャレなテイストに惹かれ、アートとして捉える人もいる、という具合に。一九五〇年代後半から、若者の反乱が世界に広がった時代と時を同じくするように、ヌーヴェル・ヴァーグ゠新しい波と言われた運動の中にあって、映像表現によって革新的な試みを世に問い続けたゴダール。時代の潮流が複雑にねじれていく「闘争の季節」に、彼の作品は様々なイメージを乱反射させていくことになる。実際、政治性と大衆性のハザマでも引き裂かれたゴダール作品は、その後時を経ても、独特な位置を占め続けているように思う。

そんなポップでシリアスなゴダールを象徴するかのような作品の一つが、六八年の五月革命／危機の前年に公開された『中国女』だ。当時フランスでも広がり始めた毛沢東思想に傾倒した大学生たちの群像を描いたもの。暗殺という強硬な手段によってでも政治を変えようとする若者たちが主人公の物語と聞けばシリアスだが、場面として積み重なるのは、おもちゃの戦車が走り模型の戦闘機が飛ぶようなシーンだ。東洋からやってきた思想に学生たちがかぶれていく様を冷やかすかのような演出とともに、視覚的に印象に残るのは、編集のリズムでありカラフルな背景の色彩であり、さらに音響の効果がそこに加わって、オシャレなポップさが際立ってくる。荒唐無稽なまでの様々な仕掛けで描かれる、ある意味ファンタジーにも満ちた「物語」だ。

だが、ゴダール本人は、これを「ドキュメンタリー」だと断言する。

この映画の真の現実性《リアリティ》は、この人物たちはばかげたことをしているというところにあります。それに私は、自分の生まれを通して知っていることだけをとりあげようと心がけました。つまり、良家の息子や娘たちに、バカンスの期間中にマルクス・レーニン主義ごっこをさせようとしたわけです。（中略）当時は赤い小さな本（『毛沢東語録』）が登場したばかりのころです……　でも今、当時のあのごりごりの闘士たちがその後どうなったかを考えると……　事実、この映画は真のドキュメンタリーです。そして闘士たちは、このドキュメンタリーを受け入れようとはしませんでした。ドキュメンタリーというのは、いくらか感動的なところとばかげたところとをもったなにかなのです。

（『ゴダール 映画史（全）』ジャン＝リュック・ゴダール 奥村昭夫訳）

革命運動に身を投じようとする若者たちの姿を「ごっこ」と言い切り、「ばかげたこと」をしている様子を描いた記録、すなわち現実を表すものだと言うのだ。

それにしても、「ドキュメンタリーというのは、いくらか感動的なところとばかげたところとをもったなにか」とは、ゴダールその人の口ぶりを思い出させるかのような、飄々たる言い回しだ。思わず、ニヤリとさせられる。感動的なところとばかげたところがつながって、図らずもフレームの中に一連の流れとして定着させてしまうフィルム。そこに映像の、ドキュメンタリーの醍醐味があるというわけだ。フラットに現実に向き合いカメラを回し続ける時、「高尚な」非日常と「些末な」日常が映像として定着し、そこに連続性が生まれる。それが人間と社会の関係性というものであり、どちらかだけが重要なのではない。

『映画史』でこの文章を目にしたのはずっと後年のことだが、ゴダールの一連の作品、そのシーンの断片からいつもそうした匂いを感じ取っていた身には、この感覚が自らの撮影、制作の現場にあって、いつも大事な「問い」として残り続けていた。ポップとシリアスがつながり二分法を超えてしまう映像の妙。そこに、カメラという装置の可能性の一端がある。

フィクション／ノンフィクションの二元論を超えて

ゴダールによる『中国女』をケーススタディとしてのドキュメンタリー論は続く。

『中国女』はある意味では、ナンテールのある種の学生たちを内部からとらえたドキュメントです。（後略）

でも人々はなにをさして……人々はどういう区別をしているのでしょう？……ドキュメントというのはいったいどういうものなのでしょう？　ドキュメントというのは、たとえば汚れたものでなければならないのでしょうか？　きれいなものであってはいけないのでしょうか？　いや、すべてがまさにドキュメントなのです。つまり、なにかに視線がなげかけられると、そのなにかはドキュメントのひとつの要素《モーメント》になるのです。そしてそれが、ある貯蔵物《ストック》となり、その貯蔵物が記憶として焼き付けられるのです。（後略）

私がいつも、フィクションによるなにかに、人々がふつうドキュメンタリー的側面と呼んでいるものをつけ加えようとしてきたのはそのためです――私はこの《フィクション》と《ドキュメンタリー》という古典的な用語を、同じひとつの事柄の二つの側面を

示す言葉としてつかっています――。（同書）

虚構を指す「フィクション」。現実の記録を指す「ドキュメンタリー」。それは、「同じひとつの事柄の二つの側面を示す言葉」であると、ゴダール独自の論が飛び出す。それは、カメラというフレームを持ち、誰もがＲＥＣボタンを押しさえすれば、ある映像として定着する装置の可能性を問い直す発言だということもできるだろう。

一八九五年、映画誕生の年。リュミエール兄弟がこの不思議な装置を発明してしまった時、その当事者たち自身が、その可能性を当初は自覚できなかった話は有名だ。現実をただ映し出すものにどんな価値があるのか？　しかし、映像の中で迫って来る蒸気機関車を見てあわてて逃げ出した人々も、そのうちに映像のスペクタクルに魅せられ、次第にそこにストーリーを発見するようになっていく。すると、事態は逆転し、ただ素朴に何かを記録したカメラは、ある意図を持って被写体に向けられるものとなる。編集という技術とともに物語を生む装置へと新たな意味合いを課せられるようになっていくのだ。そこに資本の論理も相まって、物語化を進めていった言わば極限が、ハリウッドというものだろう。ハリウッドとは一線を画し、オルタナティブなリアルを模索し続けたゴダールの感受性は、常に映像の歴史を遡り、その原点のまなざしを呼び覚まそうとする。そうしたセンスが、フィクション／ノンフィクションという二元論を飛び超える言葉となる。「人は映像そのものを見ることをせず、映像のつなぎ目を見ようとする」とは、ゴダールから口癖のように飛び出す表現だが、確かに編集点というつなぎ目に人々の意識が向かう時、フィクションの思考が作動し始め、ノンフィクションである映像そのものへの虚心坦懐な感覚は失われていくのである。

フィクションだからこそ描けるリアルがある

フィクション／ノンフィクションの二項対立を超えるレトリックで独自のドキュメンタリー論を展開するゴダールは、他のドキュメンタリー映画の製作者たちがなぜ俳優を使おうとしないのか理解できないとした上で、こう呟く。

こうした意味で、現場に撮影しにゆき、人々にいつもしている仕種をくりかえしてくれと頼むような、いわゆる《ドキュメンタリーの伝統》にしたがうのは月並なやり方です。私はどうかと言えば、私は人々に、物語を考え出してくれと頼みます。つまり、演劇を演じてくれと……自分が実生活で演じている演劇と関係があるような演劇を演じてくれと頼みます。（同書）

現実を映し出す目的で被写体にカメラを向ける、ドキュメンタリーという制作手法。だが真摯に考えるほどに、むしろ突発的な事件、事故の現場ならまだしも、日常の光景を描き出すことは本当に難しい。異物としてのカメラが持ち込まれた時点で、既に日常ではないのだから。普段のようにお願いします、とは、撮る側からのお願いだが、撮られる側の立場に立ってみれば無理難題というものだ。

「ゴダールは、こうした「月並なやり方」を取るぐらいなら、演じることを仕事とする俳優たちに、実際の生活に近しい物語を演じてもらうべきだと言う。ここでも展開する、フィクションを徹底することでこそノンフィクションを成立させられるという逆説的な主張。こうして、物語を作ることによって現実を映像化するというゴダール流のドキュメンタリー論は、返す刀で一般的なドキュメンタリーもまた、映像に収めるという段階で既にある種の虚構なのではないかという問題提起にもなっている。

こうしてフィクションとノンフィクションのハザマで独自の制作手法を提示する「ドキュメンタリスト」ゴダールの作品は、実際六〇年代から七〇年代にかけて、世界の映像制作に関わる人々に問いを突きつけ、大きな影響を与えている。日本も例外ではなく、映画界には「和製ヌーヴェル・ヴァーグ」と言われた一群の若手監督たちが誕生したことは有名だが、日々の現実をどう伝えるべきか？　テレビ報道、制作の現場でもデリケートな議論が展開されていた。

たとえばデモの現場で、機動隊と学生たちがにらみ合い、衝突へと発展した時、その事象をどう撮るか？ それは、どこでカメラを構えるべきかという即物的な問いとなる。仮に同時にぶつかり合ったとしても、機動隊からカメラを振れば国家が若者たちを抑え込もうとしたように見えてしまい、逆に学生たちからパンしたならば、今度は若者たちが暴力に訴えたのが事の発端のように見えてしまう。カメラという装置をどこに置き、どう使うべきか？ カメラが一台しかないことが多い時代の古典的なメディアリテラシーに属する議論だと言えるだろう。「事実を撮る」ことの難しさが、テレビ制作の現場でも熱い議論を生んできた歴史の一端がここにある。

そしてここまで来ると、この問いは自己言及的なものとなる。そもそも何の為に撮るのか？ 伝える側の映像のフレームを決める根拠はどこにあるのか？ フレームからはみ出すものをどう伝えるのか？ 伝える側が問いに駆り立てられると同時に、見る側もまた同じ問いに巻き込まれていく。『万事快調』『パッション』などカメラの位置がなぜそこにあるのか？ いつの間にか、見る者が不思議な意識に捉えられるゴダール作品は多いが、作り手と受け手の境界を越えて、同じ問いに巻き込んでいくことも彼の狙いだったと言えるだろう。

虚構であることで生まれるリアルという歪んだ時空で見る者のまなざしに問いかけるゴダール。映像は作品として完結することなく、開かれたままの状態で、見る者を宙吊りにする。その浮遊感は時に居心地の悪さを生み、ポップでシリアスな、主体の分裂の如き経験となる。今この時に生きている不思議を噛みしめるかのように。

愛憎相半ばするハリウッド／アメリカへの批評

さて、逆に物語として完結させることで、感動を商品化する産業として成功してきたのがハリウッドだ。ハリウッド的なるものと距離を保つことで、独自の世界に生き続けたゴダールだが、ではアメリカという存在を嫌悪していたのかと言えば、ことは単純ではない。たとえば、こんな興味深い言葉がある。

私がときどきクリント・イーストウッドの映画を見にゆくのは、社会学的観点からの興味をひかれるからです。彼の映画は、すべての人たちによって見られる、アメリカの中級の映画、B級映画、ヒッチコック的映画だからです……彼はどうしようもないバカで、彼の映画も、彼の表現そのものではないのですが、でもそのどうしようもないバカが、私自身も含め――私は彼の映画を見るために五ドル払います――、人々に対してある一定の力をもち、人々を感化し、人々に気に入られているという事実が私の興味をひくのです。だから、彼の映画はある種の世界の表現なのです……（同書）

ギャング映画を作りたいという素朴な希望の表明から始まった後に続く、一九七八年の言葉だ。社会学的な関心から必要に迫られてクリント・イーストウッドを見に行くというのだが、「どうしようもない」と罵倒しながら、実はこんなクリント・イーストウッド好きがいるのだろうかと思わせられる気配が行間に滲み出る。否定的な言葉とは裏腹に、「アメリカの中級の映画、B級映画、ヒッチコック的映画」なるものへの愛が見え隠れするのだ。

実際、「映像の鬼才」「深遠な思想」などというステレオタイプのシリアスなレッテルを外せば、ゴダールの少し異なる顔がのぞいてくる。たとえば、彼の長編デビュー作『勝手にしやがれ』も、「アメリカへの想いを抑えられないポップを愛する表現者」による悪戯心に満ちた実験の作品としたならば、まったく変わって見えてくる。

ジャン゠ポール・ベルモンド演じる主人公は、アメリカの名優ボギーことハンフリー・ボガートの真似をして、いつも煙草をくゆらせているかと思えば、恋人のジーン・セバーグも、シャンゼリゼ通りを歩きながら「ニューヨーク・ヘラルド・トリビューン！」と声を張り上げ、アメリカの最新情報の掲載紙の売り子のアルバイトに精を出す。六〇年代をこれから迎えようとするパリが、アメリカから押し寄せる娯楽や消費文化の中にあり、そして多くの人々が無邪気に彼の地に惹かれていく時代の空気が描写されている。それは決して悪意あるものではなく、アメリカのカルチャーが世界に広がる現象を好奇の目で映し出そうとする

「ドキュメンタリスト」の眼差しだとも言えるだろう。

私がヒットしそうもない映画を何本もつくることができているということができているということが、またそれによってなんとか生計を立てることができているというこの単純な事実、――これは私が思うのに、まさにあるとてつもなく大きい楽天主義のあらわれです。（中略）それでも、『スター・ウォーズ』をつくるよう強いられたりします。『勝手にしやがれ』とか『勝手に逃げろ』をつくろうとすれば、カンヌで賞をとるよう強いられます。カンヌで賞をとらなければ公開されなくなるからです。でも私は中庸です、中庸の人間です。そしていつも、両極端から――純然たるアマチュアと純然たるプロといった両極端から毛嫌いされてきました。私はいつも、アマチュアとしてプロたちと闘い、プロとしてアマチュアたちと闘ってきたのです。

（『ゴダール全評論・全発言Ⅱ 1967–1985』ジャン＝リュック・ゴダール　奥村昭夫訳）

語られているのは、ハリウッドという、止むことのない熱狂の祭によって巨大な撮影システムを動かす帝国への反発だ。物語化、商業化、産業化する論理から映画を救い出し、フラットに映像へのまなざしを向け続ける闘争宣言が、飄々と語られる。そしてその戦いの方法は、ハリウッドへの愛ある批評でもあったと言えるのではないか。

ゴダールが語るアメリカ映画の可能性とは？

批評という行為は、解説でもなければ、単なる批判でもない。その対象に寄り添い、その価値を探究し、ある角度から光をあてようとすることによって自らの価値観も曝け出していく行為だ。言わばその対象を斬ることによって返り血を浴びるような緊張関係がそこにある。愛がなければ斬りかかる意欲も生まれないだろう。その行為は、第三者に、広く世の中に開かれたものとなる。批評という行為を追体験することで、僕たちは発見し、思考を深め、対話が可能になっていくのである。虚構と現実を超えようとするように、ゴダールは愛と憎しみの二元論も超えていこうとするかのようだ。アメリカ映画の世界へのある種の憧れと、そこに共存する違和感、批判……、その愛と憎しみに引き裂かれたところに彼の真骨頂があったのではないだろうか。カメラのレンズという装置を通すことによって生まれる批評。時に、こんな言葉を残している。

目で見ることのできるものを最も活用しているのはアメリカだ。つまり、アメリカはある一定の民主主義を実践しているわけだ。（後略）

アメリカ映画《シネマ》が強力なのは、アメリカ映画はこのことを表象しているからだ。そうでなければ、アメリカ映画《フィルム》がなぜ世界のあちこちで愛されているのかがわからなくなってしまう。(同書)

これは八〇年五月、サスペンスの巨匠アルフレッド・ヒッチコックが亡くなった際、フランスの新聞でのインタビューに答えたものだ。素直にアメリカ的民主主義の可能性を肯定的に語る、珍しいゴダールの姿がここにある。

「民主主義に最も近いなにかが今でもまだ存在している唯一の国」としてのアメリカの可能性をゴダールが今、元気なら、どう捉えるか、どう考えるか。その愛の形として、誰が撮るかという問題ではなく、映像というまなざしのツールの可能性がある限り、映像による批評という方法は続く。

ファインダーに向けられたまなざしの中にあった批評と認識

実はゴダールに一度だけ会ったことがある。一九九四年だから、もう三〇年前のこと、翌年の映画一〇〇年の企画で東京をテーマにドキュメンタリーを撮らないかと、交渉に臨んだのだ。当時六四歳の「伝説の巨匠」は、スイス・レマン湖のほとりにある仕事場兼応接室に、穏やかな物腰で恭しく僕らを招き入れてくれた。スクリーンなどで知っていたイメージとは異なり、自らも「身体をいたわりながら仕事をする時期が来た」と語るその姿は、やはり老いからなのか、率直なところ生命力があまり感じられず、少し心配にもなった。

だがその印象が一変したのは、僕が持参した当時としては最新鋭のソニーの小型ムービーカメラを手にした時だった。ファインダーを覗く眼光の鋭さ、すべてを忘れたかのように、フレームの中の世界を夢中で凝視する。あのまなざしの純粋な迫力は圧倒的だった。ちなみに同じように真っすぐな少年のような美しく強い輝きを放つ目を見たのは、その二年前のこと。映画『ソナチネ』のロケ現場の撮影で、北野武監督が映像に向き合う瞬間に遭遇した時のことだ。二人それぞれ、映像が立ち上がる瞬間に向けたまなざし、あの共通する眼光の力は今も忘れない。この力さえあれば、生きていける、迷った時は、ここに帰るしかない。そんなことを感じさせた、記憶に残る鮮烈なシーンだ。

そして、その強い目の輝きの源には、単に純粋な感情の発露などではなく、映像による批評への企みと喜びが潜んでいたように思う。

対象に迫る方法としての批評。一人の文芸批評家の佇まいを思い出す。

ある人間の生活でもいい、花でもいい、そういうものを見て、僕たちの感情が動く。

でも、感情が動くだけではしょうがないのです。その意味合いを味わうことこそが大切であり、それが知るということなのです。花には花の心というものがある。花はあの姿で、何かを表しているのです。〈もののあはれ〉を知るというのは、花の心を認識することです。

宣長さんは、考えは深いのだけれど、深くは説かなかった人です。しかし、〈もののあはれ〉を知るということが、人生という経験の根本にあるとあの人は考えていたと僕は思っています。

現代人は、すぐに行動しなくてはいけないと考えます。〈あはれ〉を知る、ということは、行動ではないのですよ。物を見ること、知ること、つまり認識です。物を本当に知るというのは一つの力なのだということを、現代人は忘れていますね。現代人はすぐ行動したがるのです。その行動の元になっているのが科学です。

（『学生との対話』小林秀雄）

小林秀雄、六八歳の時の学生との質疑応答だ。「見ること」、「知ること」、「認識すること」……。誰でも知っていると思い込んでいる行為こそ難しいと、小林は学生たちに諭す。そして〈もののあはれ〉を知るという、本居宣長の姿勢を通して、認識するということの大事さを説く。「花の心」を知るということは、「意味合いを味わ」い「知る」こと、「認識」することだと言うのだ。小林による批評。それもまた、愛ある対象への没入であり、それは同化であり、異化なのだ。対象に心を開き無心で飛び込み、同時にそこから何かをつかみ出すべく味わう。この一連の批評という行為を支えるのは認識なのだ、勝手に感情に溺れることなく、見よ、認識せよ。

人は映像そのものを見ることをせず、映像のつなぎ目を見ようとする。先のゴダールの言葉に重なるものを、この一連の小林の「認識」論に感じる。映像を観念にも感情にも従属させずに「見る」こと。実は最もリアルであるはずの映像というメディアこそ、皮肉なことにあっという間に人間の性に引きずられ、虚像を振りまいてしまうかもしれないのだ。ゴダール、小林、不思議な組み合わせのようだが、二人の逆説の人の在り様を思い浮かべる時、今一度、「見る」ということの原点に帰り、心地よい緊張と確かな喜びを覚える。

僕は、ただある充《み》ち足りた時間があった事を思い出しているだけだ。自分が生きている証拠だけが充満し、その一つ一つがはっきりとわかっている様な時間が。

（「無常という事」『モオツァルト・無常という事』小林秀雄）

ここにも、見ること、生きることへの開かれた問いがある。
見ることで問うこと。その佇まいは、いつもポップでシリアスだ。

8章　「表象」と「実際」のハザマで

今「日本論」の射程は？　バルトの「視覚の地すべり」の先に

先日とある議論の場に参加した。テーマは、ずばり日本。様々な専門領域の研究者、ビジネスパーソンなどが集いオープンな意見交換をする場だったのだが、このどこからでも語れてしまうからこそ、共通の対話の土俵を作るのに苦労する議題を二〇二四年の今どう消化するか？　この国のかたち、長い歴史の底に流れる思考様式について、それぞれがあれこれ思いを馳せる三時間半となった。

中盤、日本も国として目標とする理念を言葉で明確に表すべき、との意見が出る。フランスの「自由」「平等」「友愛」のような国是となる思想をきちんと言葉にすることが、この複雑化する国際関係の中では肝要だというわけだ。それに対して、この国の文化風土を歴史的に考えれば、あえて言語化する必要があるのかと、反対意見も出る。むしろ言葉にしてしまうことが迷走を招きかねないという思いが、発言の背景に滲む。

そんな丁々発止が続く中、その間に割って入るように僕がつい口にしたのが、「表象性」と「実際性」という言葉だった。確かに抽象的な精神を概念化することが少し苦手で、モヤモヤした曖昧さを生みがちな「空気の国」ではあるけれど、「表象」化という何らかの形に託し表すセンスは長けているのではないか？　そして同時に、古くから言われる「用の美」がある感覚の一面を的確に捉えているように、「実際」的な思考を美意識に高め日々の生活に生かす感性も特徴と言えるのではないか？　そんなことを重ねあわせてみると、「表象性」と「実際性」という、水と油とまでは言わないが、微妙にすれ違うかに見える二つのセンスのハザマにあるのが日本らしい、日本的な思考法と言い得るのではないかと思い浮かんだのだ。

　そのイメージが浮かび上がったのには、若き日に読んだあの書の影響が大きかったことは、間違いない。フランス人文芸批評家による異色の日本滞在の記録、文化考察の試論、『表徴の帝国』だ。

　本文《テキスト》は図版を《注釈》するものではない。図版は本文を《図解》するものではない。本書に図版としてかかげられたものの一つ一つは、**《意味の喪失》をみちびく視覚の地すべり**をわたしに与える契機となったものであるにすぎない。そして、この《意味の喪失》こそが、禅が《悟り》と名づけるものにほかならない。身体、顔、表現体《エクリチュール》、こういう表徴作用群相互のあいだに、交流を交換をおこさせたい、そうしてそれら相互に表徴がもっている関係を読者に読みとってもらいたい、本文《テキスト》と図版を組みあわせて示すのは、そういう願いからなのである。

（『表徴の帝国』ロラン・バルト　宗左近訳　太字引用者）

これは本編に入る前の言わば前文なのだが、「《意味の喪失》をみちびく視覚の地すべり」なる表現が、実にシャレている。一九六〇年代後半、日本を気に入り三度にわたって滞在した際にバルトが目にした、日本社会の市井の人々の暮らしぶり、芸能のありよう、社会風俗の光景の記述に加え、新聞記事、地図、漢字、カタカナ、ひらがなと書きとめた表記も交えて、様々な図版もちりばめられた本書で語られるのは、まさに滑空する言葉だ。日本のコミュニケーションの作法の中にある表徴の美学、表象の妙が語られる。バルト自身も、対象に寄り添うようにあえて表層をなぞり、迂回するように言葉を躍らせる。それは、なかなか本質には辿りつかない。むしろ、その「地すべり」こそが楽しまれ、そうした表現のスタイルそのものが、たまらなく日本的であると、僕らも気づかされるのだ。様々な関係性の中で記号が蠢き、イメージが乱反射しながら、それが独特なコミュニケーションスタイルを生む国、日本。その磁場を作り出している「中心」もまた「空虚」であるという、東京の「逆説」的な都市の構造に感慨を抱くあの有名な記述へとつながっていくわけで、バルトにとって、「表徴の帝国」は、始まりも終わりも無い、さながら永遠の迷宮のように見えたことだろう。

ブラックボックスとしての「日本の変換力」 その一端に?

表象性と実際性。日本文化の基層にある感覚、思考法として二つのキーワードを僕が提示したのは、自身の経験からでもあった。「世界サブカルチャー史」の現場での試行錯誤はもちろん、様々な海外の眼差しに触れ異質な価値観と向き合う中で、ずっと心の奥底に沈殿し続けてきた感覚によるものだ。

実際、かつてディレクターとしてインタビューに臨み海外の要人などから話を引き出す際も、言葉になりにくい思いの伝え方として図やイラスト、果ては簡単な絵にしてみせたり、かと思えば、同時にプラグマティックな解決法で念押しをしてみたり。抽象度の高さと具象的な表現、両者を駆使するアプローチを無意識に試みる自分がいた。たとえば明晰さを好むフランスの知識人から、言語化された概念を引き出すことも大事なのだけれども、そうした言葉だけが並ぶのでは、日本の多くの視聴者にとっては、まるで教科書的な優等生の絵空事のように聞こえてしまう。それこそ、自由、平等、友愛ではないけれど、そうした概念が現実の場面で機能するのは、一体どういう意味作用なのか？ 社会の中で、あるいは世間という人間の集団が生み出す空気が支配する空間で、実効性のあるものの伝え方は一体どうあるべきか？　それは国により場により、文化により自ずから異なるだろう。そんなことをサブテーマにコミュニケーションの場に臨む時、対話者との間にある種の表徴を浮かべて、イメージが波紋のように広がる中で、新たな言葉が生まれていくのを期待した。バルトに倣えば、まさに「地すべり」を起こすのを楽しみ、言葉が言葉を生んでいく様を味わおうとした。そのプロセスが豊かな時間となり、結果、様々な言葉のバリエーションが生まれ、映像として定着され、インタビューとしても成功、という形となる。

同時にいつもその過程に、明晰な言語化と、そこから零れ落ちるものとの緊張関係を感じていた。その意味では、欧米の人々に、日本人の「表象」的思考の特質を、「一杯のお茶」というイメージに凝縮させて語ろうとした岡倉天心の思いに、勝手にシンパシーを感じていたものだ。「茶道の要諦は〝不完全なもの〟を崇拝するにある、人生という不可解なもののうちに、何か可能なものを成就しようとする柔和な企てなのだから」とは、けだし名文句だと思うが、この一見論理矛盾かと思わせる感覚の中に、表象性と実際性に引き裂かれる国の面白さが凝縮されているように感じる。

恐らくはこの国の文化の面白さは、中国から入って来た言葉をそのまま使うのではなく、漢字、カタカナ、ひらがなと無節操なまでに分解して使ってしまうところにあると思う。まさに「変換の国」の面目躍如だ。ちなみにこの「極東の島国」が地図上に浮かぶさまを思い浮かべる時、僕はｆ（ｘ）という表象をイメージする。弓形の列島に重ねるように、数学で習う関数、y＝f（x）というあれを見るのだ。つまり、xに何かを代入したならば、不思議な変換を施し世に送り出してしまうのがこの国、この国の見えない文化風土というわけだ。この変換の作法のブラックボックス部分を解明できれば、日本のサブカルチャーの秘密の一端もわかると思っているのだが、その構成要素として、表象性と実際性があることは、面白い逆説ではないかと思っている。西欧に振りまかれてきた、「東洋の神秘」「不思議の国」ニッポンの背後にある、感覚の「地すべり」には、古くからの歴史がある。

日本社会、文化の中に根付く雑種性

さて、そこでやはりさらに面白いのは、フワフワと記号が舞い踊る、あいまいなイメージの共有だけではなく、同時に、人々は実際の生活の場面にあっては極めて実際的に、ある意味即物的に判断、行動するように見えることの方ではないだろうか。その「表象性」と「実際性」の共存が興味深く、後者が発揮される瞬間に西欧の人々は驚きを隠せないのではないかと思う。そして、こうして言葉にしてみると、第二次大戦中にアメリカの文化人類学者が「敵国」日本を分析したあの古典、ルース・ベネディクト『菊と刀』も、書名からして日本人の二面性に注目していたことを思い出す。風雅に花を愛でていたかと思いきや、刀を抜くことも厭わない、日本人のイメージ。そんな「二面性」に応える意味もあったのだろう。戦後日本でも『菊と刀』が翻訳され世に出てから一〇年足らずの一九五五年、こんな文章が論壇を飾っている。

日本人の日常生活にはもはやとりかえしのつかない形で西洋種の文化が入っているということになる。政治、教育、その他の制度や組織の大部分も、西洋の型をとってつくられたものだ。(中略)自由とか人間性とか、分析とか綜合とか、そういう概念を使わずに人を説得する議論をくみたてることは、議論の題目によっては不可能であろう。**日本の文化の雑種性を整理して日本的伝統にかえろうとする日本主義者の精神がすでにほんやくの概念によって養われた雑種**であって、ほんやくの概念をぬきとれば忽ち活動を停止するにちがいない。日本の伝統的文化を外国の影響から区別して拾いだすなどということは、今の日本では到底できるものではない。

(「日本文化の雑種性」『雑種文化』加藤周一　太字引用者)

日本とヨーロッパを往復しながら、アカデミズムとジャーナリズムのハザマを駆け抜けた稀代の知識人、加藤周一による「雑種文化」論だ。日本社会、文化の中に、もはやしっかりと根付いている雑種性を指摘する。そして、「純粋な日本文化」を語ろうとする行為に、実は西洋の論理や概念に支えられた、欧風の思考法の要素が既に入り込んでいることを明言するのだ。こうした皮肉な状況にあっては、言葉にして説得しようとすること自体が、もはや西洋的だと思えてくる。アメリカによる占領が解け、独立からまだ数年という当時の日本。アメリカへの反発と忸怩たる思いと、「戦後民主主義」がもたらした解放感と……。その頃の日本社会を覆っていた空気を想像しながら読むと面白いのだが、ここでも、表象性と実際性で状況に対処する人々の姿に加藤は雑種性をかぎとっていたように思える。

「大それた望みはもたない」大衆と「雑種を純粋化」したい知識人

だが、さらに面白いのはその先だ。加藤は、「大衆」と「知識人」の関係性について、さらりと痛烈に論評する。

大衆はそれをよく心得ている。だから雑種をそのままの形でうけ入れ、結構おもしろく暮す方法を工夫しているが、雑種を純粋化しようなどという大それた望みはもたないのである。ところがいわゆる知識人は大望を抱いて起ちあがる。知識人が文化問題に意識的であればあるほど、日本文化の雑種性をどの面でか攻撃し、できればそれを純化したいという考えに傾く。明治以来の複雑な文化運動の歴史は、もし一言でいうとすれば、このような文化の雑種性に対する知識人の側からの反応、つまりその純粋化運動の歴史に他ならない。そしてそのかぎりでは必然的に**失敗の歴史**であった。（同書　太字引用者）

日本社会、文化の中に、日々の生活の中に抜き難く、分かち難く沁みついている雑種性。それをよく心得ている大衆は、なんなくいいとこどりをして日々暮らしを楽しむが、なまじ知識人が「純粋性」に囚われ、頑張ってしまうと「失敗」する、というのだ。確かに、さすがにフジヤマ、ゲイシャ的な、ステレオタイプの記号化による日本アピールの時代は遠く過ぎ去ったとはいえ、国際親善、相互交流ということになって力が入るほどに、「日本の伝統」なるものを自ら「捏造」してしまう癖は、繰り返し現れる過剰適応の歴史とも言えるだろう。

実は、そうした醒めた目で見れば、こうした傾向は日本にとどまらず、往々にして、世界各国、西欧の知識人たちの中にも存在する心性のようにも思われる。海外でも、「正統派インテリ」が自国の文化をしっかり伝えようと張り切ってくれるほどに、残念ながら、その国の実像が見えにくくなる皮肉があるように思う。そう言えば九〇年代にヨーロッパ各地をロケした際も、「伝統」的なところに行く以上に、全世界展開をするファストフード、巨大資本によるスーパーマーケットなどを覗く方が味わい深かったし、その国を知ることができた記憶がある。スタンダードなフォーマットを持つチェーンが出店の際にどんなスタイルで現地化を試みるか、むしろそのローカライズの中に、その地域、その国の文化が反射して見えてくる感覚は、楽しいものだった。僕自身が単に「大衆」の一人である証明に過ぎないのかもしれないが、フラットに事象を見つめる時、そこから観察できる解釈、相互理解と同時に相互誤解まで含めた文化の往来、キャッチボールの過程にこそ豊かさを発見する。

いずれにせよ、頭だけで捉えようとすると事は歪んでいく。ここにも、表象と実際のハザマで、なんとなくコミュニケーションを成立させ、同時に実利を取る術を心得た、しなやかでたくましい日本的思考法の可能性を感じとれる。

小林秀雄が説いた「大和魂」の意味するもの

7章では、ゴダールの持ち味であるポップとシリアスを超えたリアルについて考えているうちに、最後はなぜか、小林秀雄が人生の円熟期を迎えて若き学生たちに伝えようとしていた想いにまで話は及んだ。「もののあはれ」は感情ではなく、冷静な一つの認識である、との見立てを紹介したわけだが、戦後のある時代、共通する表現の同時代性というものがあるのかもしれない。
小林による、一九六〇年代から七〇年代にかけての若者たちへの講義録である『学生との対話』にはその他にもこんな件がある。「大和魂とは学問ではなく、もっと生活的な知恵を言う」と語った後で、平安時代の説話集である『今昔物語』から話を紐解く。

或る博士の家に泥棒が入り、家の物を全部取って逃げてしまった。博士は床下に隠れてのぞいていたのですが、余りに口惜しいので、泥棒に向って「貴様らの顔はみんな見た。夜が明けたらすぐ警察へ届けるから覚えていろ」と大きな声でどなった。そうしたら、泥棒たちは引き返して来て、博士を殺してしまった。そういう話があって、『今昔物語』の作者は、こういう批評を下しているのです。「才はめでたかりけれども、つゆ大和魂なかりける者にて、かかる心幼き事をいひて死ぬるなり」と。学識がある事と大和魂を持つことは違うのです。むしろ反対のことなのです。今日の言葉でいうと、生きた知恵、常識を持つことが、大和魂があるということなのです。

（『学生との対話』小林秀雄）

なんだかちょっと拍子抜けするような話で、戦時中には国威発揚を期して精神論として叫ばれたかの如きイメージさえある「大和魂」なる言葉を、むしろ対極にある、冷静かつ理性的な常識の発動と説く。ここでも、日本の市井の人々の中に息づく知恵というもの、歴史の中で伝え続けられた柔軟な対処法、心の所作を考えさせられるのだ。手作業の中から生まれる知恵を掬いとりながら、曖昧なままでも、想像力でなんとか事を為していくセンスとでも言い得るだろうか。

とはいえ、ここまでグローバル化し、世界共通の、誤解の無い、明確な言語の使用によるアカウンタビリティも必要とされる時代に、お気楽な議論と言われないようにせねばならないが、今でもそうした柔らかな感覚が生きる可能性はあるように思われる。もちろん、ある種の「世界標準」にはきちんと付き合い、そのレベルでも言語化、概念化し、国際的信頼を得なくてはならないだろう。しかし、そのレベルとは矛盾することなく、この雑種性と、表象性と実際性が混在する国の融通無碍さは、社会の底流の中に潜ませておくことの大事さを感じる。むしろ一周回って、今、直線的な西欧的近代の論理に世界が疲れ始めた時代に、しなやかにしたたかに応じられるだけの「余力」を蓄えておくことが、この国の文化戦略としても欠かせないのではないか、とはいよいよ楽観的に過ぎるだろうか。

いずれにせよ、ここでも「知識人」のますらおぶりは否定され、大衆のしなやかさこそが生き延びる術となり得る可能性が示されていると読むと、この構図も、日本の歴史の中に連綿と流れ続ける、ある断面を抉り出しているようで、とても興味深い。

やはり「中心は空」である？　日本人の心の構造

日本の人々の心の中に、歴史的に温存されてきた、しなやかな柔構造。それは、戦後を代表するユング派の心理学者によってこんな風に表現されている。

中心が空であることは、一面極めて不安であり、何かを中心におきたくなるのも人間の心理傾向であるとも言える。そこで、筆者が日本神話の（従って日本人の心の）構造として心に描くものは、中空の球の表面に、互いに適切な関係をもちつつバランスをとって配置されている神々の姿である。（中略）その中心は絶対的ではなく投影面が変れば（状況が変れば）、中心も変るのである。このようなモデルを考えにくい人は、中心が空であるために、そこへはしばしば何ものかの侵入を許すが、結局は時と共に空に戻り、また他のものの侵入を許す構造である、と考えて貰うとよい。

（『中空構造日本の深層』河合隼雄）

バルトに続き、「中心が空」とまたも表現される日本論。今度は日本の都市ではなく、ずばり、日本人の心だ。河合は、日本の神話に見られる特殊性から、球の中心が「空」であるモデルをイメージする。それは、「他のものの侵入を許す」のだと言う。海外からの文物を受け入れ、変換し解釈することによって雑種性に富んだ文化を育んできたこの島国は、いつも飄々と新しいものを取り込み、そのまましばらく置いておいても平気なのだ。そして、同時に存在する他のものとのバランスを保ちながら、諸行無常の様相を示すかのようだ。

　中心を空として把握することは困難であり、それは一時的にせよ、何らかの中心をもつものとして意識されることを既に指摘した。このことは、日本人特有の中心に対する強いアンビバレンツを生ぜしめることになる。つまり、新しいものをすぐに取り入れる点では中空性を反映しているが、その補償作用として、自分の投影した中心に対する強い執着心をもつ。あらゆる点において、日本人は自分が「中心」と感じているものには執着し、高い関心を払う。しかし、時が来てその「中心」の内容が変化すると、以前に中央に存在したものに対する関心は消え失せ、新しい「中心」に関心を払うのである。

（同書）

「熱しやすく冷めやすい」とは、ずっと以前から巷で言われる、日本人の心性だが、それもいつの間にか「中心」が入れ替わっても「空」であることで維持される、実に巧みな構造によって生まれていたというわけだ。

八百万の神々が微妙なバランスで均衡する空間、その力学の中心に位置する、「空」。確かにこうしてモデルにしてみると、直線的ではない、楕円を描くような、あるいはユークリッド幾何学の空間から微妙にズレ出しながらも、常に絶妙なバランスを保つ日本的な心のかたちを想像するのは、楽しくもある。そこにエビデンスはあるのか？　と迫られたら強弁する気はないけれど、感覚的にフィットする。こうしたフィクションを構築してみること、こんな風に図解できるような仮説を立ててみることを楽しんでしまうこともまた、日本的であり、東洋的であると言えるだろう。悟りに到る一〇の段階を一〇枚の図と詩で表した「十牛図」などにも、類似した感覚を覚える。

こうした一連の「中心」と「空」の関係性の表現に確かに、陽を知らしめる為にも陰を尊ぶような「逆説」を見るのである。

表象性と実際性とをつなぐ「無」　それは

さて、表象性と実際性のハザマにも、河合が導いたような一つのモデルを考えることができるのだろうか？　日本的なる思考を他者に伝えるモデルとは。

冒頭に掲げた『表徴の帝国』の中でバルトは明言する。

わたしは東洋の本質などに、憧れのまなざしを注がない。わたしには東洋など、どうでもいい。ただ、こちらが対処のしかたを考えて狙いをつけるならば、東洋は西洋と完全に断絶した、**思いもよらぬ象徴世界の存在をかいま見せてくれる特徴線《トレ》の貯蔵庫**となりうる。（中略）それは、**複数の象徴世界のそれぞれの固有性相互間の断絶、変動、転換の可能性**なのである。
（『表徴の帝国』ロラン・バルト　宗左近訳　太字引用者）

しばしば西洋が陥る幻想のオリエンタリズムをさらりと否定した上で、「思いもよらぬ象徴世界」との遭遇の可能性を語る。それは、「断絶、変動、転換」の瞬間を到来させるものだと。そこにあるのは、西洋と東洋という相対的な二元論に回収されてしまうような差異ではなく、絶対的な強度を伴う体験なのだ。

際限もない暗黒の地帯（資本主義国日本、アメリカ文化化作用、技術革新）へと掘りすすむことをあえて見送っても、なお**一筋の細い光によって探りもとめなければならないのは、**別種の象徴ではなく、**象徴の裂け目そのもの**である。この裂け目は、文化の所産の地平にしかあらわれえない。（同書　太字引用者）

アメリカ化していく六〇年代後半の状況をチクリと批評した上で、「象徴の裂け目そのもの」を見よ、という力強い言葉だ。
「裂け目」というものは、埋めたくなるものである。だが、「文化の所産の地平に」あらわれた「裂け目」であるならば、あわてて埋める愚は避けねばならない。そこに、わびさびも生まれてきたのであり、禅の心もあるのではないか?

日本が著者を表現体《エクリチュール》そのものの場のなかに置いた。この場においては、個々人の認識が揺らぎ、かつての読書体験は覆り、意味は引き裂かれ、弱められて、何ものをも表わしえない空虚と化する。しかもなお、その対象は決して意味作用をやめず、好ましいものでありつづける。つまり表現体《エクリチュール》とは、一種の《悟り》なのである。(同書)

言葉が生む「意味の世界」から逃れてきた異邦人にとって、言葉によって「意味を無化」する世界の存在は衝撃だったであろうことは、想像に難くない。それは、有と無というような二項対立として存在する「無」ではなく、ある意味、饒舌なまでに語っている「無」だったのだ。それをバルトは《悟り》と呼んだ。石畳と教会の壁に囲まれて生きてきた人々の背後に蓄積された体系をほぐし、崩し、再構成の可能性を提示するのも、この国の「おもてなし」なのかもしれない。

バルトが感じ取った、意味を超越したところで、生きることに限りなく近似する「無」。表象性と実際性のハザマの旅のひとまずの最後には、豊饒なる「無」が広がっていた。

9章 「仕事」と「余暇」のハザマで

何かと「疲れる」のは一体なぜ？　現代につきまとう疲労はいつから？

「仕事でも遊びでも、なんだかいつも疲れるんです、意味もなく」こんなセリフを屈託なく、少々力無い笑顔で口にする若者にまた出会った。ある意味、この時代に生きていること自体、なんとなく疲れる……、そんな嘆きを漏らす人々に出会っても格別な驚きはない。ここ数年こうした言葉をよく聞くようになったし、実は僕自身、彼ら彼女らと重なるような感覚をうっすら抱くこともあるからだ。まあ僕の場合はもういい年齢でもあるので、「疲れた」と言っても「御身体にお気をつけて」と違う方向に心配される話になりかねないので、不用意に口に出さないよう注意しているのだが。

さて若者からも中年からも、世代を超えて漏れる「疲れた」の言葉、その原因はどこにあるのか？　そこに原因などない、それは世界に広がる問題だと、もう半世紀も前に断言した思想家がいる。

現在、飢えが世界的問題であるのと同じように、今後は疲労が世界的問題となる。逆説的なようだが、これらは互いに排除しあう問題である。なぜなら慢性的で管理できない疲労は、先に触れた管理できない暴力と並んで豊かな社会にはつきものであり、とりわけ飢えと慢性的貧困が克服された結果生まれたものだからだ。

(『消費社会の神話と構造』ジャン・ボードリヤール　今村仁司／塚原史訳　Kindle版　太字引用者)

フランスの思想家ジャン・ボードリヤールは、既に一九七〇年の著書でこう宣言した。そして「便利で自動化された生活」が実現し、「個人と集団の均衡状態を実現する技術的条件」が増していくほどに、「ストレスと緊張とドーピング」が社会に満ちていくという言葉を残している。なんだか現代への予言めいて響いてくる。二〇世紀アメリカ主導の「消費社会」が、文明の大きな潮流として世界に広がり、多くの社会を飲み込んでいく過程で、生産より消費、仕事より余暇という概念も徐々に広がり、その皮肉な副産物のように慢性的な「疲労」という感覚も植え付けていくというのだ。その視点の延長線上に立てば、二一世紀以降はご存知のように、デジタル技術がいよいよ加速度をつけて人と人、人と事象とを結び、利便性と表裏一体の「疲労」をもたらしているということになるのだろうか。

もちろん、短絡的にインターネット、デジタル技術などを否定的に語りたいわけではない。だがそのことを前提にしても、この文章をフラットに読むと、ここで語られている「現代」は、「新聞」がネットなどに置き換わっただけで、二〇二〇年代のことではないかとすら思えてくる。そしてそこには、仕事と余暇という二分法では済まない、「いつも疲れる」状況が残される。

余暇も競争になった時代のねじれた欲望

ボードリヤールの言葉の続きをもう少し聞こう。

> 消費社会の主役たちは疲れきっている。彼らの疲労については、心理＝社会学的立場からさまざまな解釈を試みることができる。消費過程は、機会を均等化したり社会的（経済的または地位をめぐる）競争を緩和したりするどころか、あらゆる形態の競争を激化させる。**消費することによって、われわれはついに競争状態が普遍化され、全体主義化される社会に生きるようになる。**この社会では、経済、知識、欲望、肉体、記号、衝動などあらゆるレベルで競争原理が貫徹し、今後は**すべてのものが差異化と超差異化の絶え間ない過程において交換価値として生産される**のである。（同書　太字引用者）

物質的な豊かさをある程度達成し、「生産」より「消費」へと人々の意識が向かい、その力学が強まる社会にあっては、「差異化」によって社会は駆動する。今度は、消費において様々な競争が激化する。そう言えば、異端の経済学の巨人とされるヴェブレンによって提示された「衒示的消費」なる、みせびらかしの消費行動の概念を思い出す。「有閑階級」ばかりでなく、大衆化社会の拡大の中、「差異」化と「均質」化のハザマで引き裂かれるねじれた精神状態があまねく恒常化する、というわけだ。ついには、競争状態が普遍化されることで、「全体主義化される社会に生きるようになる」とまでボードリヤールは言う。なんだかますます、「ポリティカルコレクトネス疲れ」で「権威主義」に走る国々が生まれる現代の状況に重なるような気がしてしまう。

ボードリヤールが本書を認めたのは、一九六〇年代のフランス、六八年の「五月革命」ないしは「五月危機」と呼ばれる若者たちの反乱の時代だ。本書でも7章で触れたゴダールの『中国女』が生まれた頃のこと。乱暴にその背景を一つの図式で提示するなら、物質的な豊かさが行き渡っていく中で、精神的な飢餓感を抱える若者が増えていった時代であり、さらにその「異議申し立て」が頓挫した時代でもあったと言えるだろう。実際、教育の機会均等、民主化を掲げていた学生たちの社会変革の志は、多くの市民の共鳴を生むことも無く、あたかも壮大な反抗期のように幕が引かれていった観がある。当時の学生たちの理念、思想、さらには闘争の手段などについては、ゴダールが映像で批評したように浅薄なものであったことは否めない。だが、その直感されていた社会の空気の変化、変調に対する生理的な違和感、当時の若者たちの深層心理などについては、イデオロギー抜きでフラットに考察してみる価値はあるだろう。ちなみに、戦後大衆の意識の変遷を追う「世界サブカルチャー史」にあっても、それは時代を読む補助線となる大事なテーマの一つとなっていた。

物質的な豊かさを追求し、平等に行き渡らせること。社会において掲げられる目標となるその言葉自体には、何の曇りもない。しかしその実行が目指される過程は、微妙なねじれを生んでいく。そこに、他者との比較による意識も生まれる。さらに物質的な豊かさだけではなく、「仕事」でも「余暇」でも、精神的な豊かさについても平等に行き渡らせることが大事だ、という議論も生まれる。これもその理念自体に、異議を唱えることは難しいだろう。だがこの段階に入ると、社会レベルでのその実現は、とてつもない難題であることは言うまでもない。特に「消費」と紐づくとされる「余暇」の時間帯に、消費の平等化の圧力とも言うべきものが生まれ、時に奇妙な心理を生む。仕事と余暇、生産と消費のスパイラルの過程をあまねく享受させるべきとの平等の思想が教条的になった途端に、すべて横並びの「消費」という形の抑圧を生んでいくとしたら、これもまた皮肉な話だ。

常に他人の動向に左右される「他人指向型」の時代の幕開け

ある意味ねじれた性《さが》を抱えている「個人」という存在。「社会」という概念は、その個人の集まりから構成されているのだから、個人と社会との関係性も、またねじれ、そのハザマもいつも逆説に満ちている……、と言ってしまえば話は終わってしまうが、こうした現代も進む状況の根にある現象を、ボードリヤールより二〇年前につかみ出している書がある。今度はまさに二〇世紀型消費社会の発祥地アメリカでの話だ。第二次大戦の戦勝国たる超大国は、戦後から一九五〇年代にかけて政治的、経済的にも影響力を拡大し、世界の多くの人々が憧れるアメリカ的生活様式、物質的な豊かさを享受できる「アメリカン・ウェイ・オブ・ライフ」を確立していったわけだが、その時代にビジネスの世界で生まれていた悩みについての記述がある。

このインタビューの相手は西海岸の機械器具の販売と宣伝を担当している副社長である。また、かれはその業界の同業組合の会長をも勤めているという人物だ。かれは、中西部の小さい町の組合教会派の牧師のこどもとしてうまれた。かれの**生い立ちだの、出世欲だの、かれがはじめにもった抱負だのは内部指向型の典型**とかんがえることができる。しかし、かれは**職業柄、人と交渉する技術や対人関係の上での思いやりなどを必要とする。それは他人指向型の特徴**なのだ。このような二つの生き方がぶつかりあうために、かれのなかには緊張状態がうみ出される。（中略）

たとえば、**かれはじぶんの提案が否決されて、しかも後になってそれが正しいということがわかり、また同僚がそれを正しいのだとおもっていた場合などに当惑**を感じるという。そのような場合、かれはじぶんが舞台の正面におし出されているような感じがするのだ。重役会に出席する前には、食事もろくろくのどを通らない。そしてかれは**こんな大きな会社の役員でいるよりもむしろ、じぶんで小さな会社でもはじめたほうがいいのかもしれないなあ、などと語ったの**であった。

（『孤独な群衆（上）』デイヴィッド・リースマン　加藤秀俊訳　太字引用者）

こんな調子で、全編にわたってゆるやかなエッセイ調の人間観察などが織り込まれ、時に人生相談を扱う読み物かの如き親しみやすさを特徴とする『孤独な群衆』だが、社会学の古典として名高い書だ。

工業を中心とする時代から、サービス業などの第三次産業に従事する人々が増大していく中で、社会全体の空気も変わり、働く人々が置かれる環境も徐々に変わっていく。「内部指向型」というのはもの作りの仕事に携わる人々が育むようになる、言わば、技術、技能などを信じて向上を目指すことで培われていく心のありようであり、それと対比されるように挙げられている「他人指向型」は、サービス、営業など、人の心を読み、合わせることを生業とすることで生まれる「社会的性格」だ。著者デイヴィッド・リースマンは、様々な職業を経験したアカデミズムの枠にはまりきらない視点で考察を繰り広げた学究だが、エーリッヒ・フロムなどの影響も受け、社会のありようが、人々にある共通した性格を生むことに着目し、独自の論を展開する。社会の中核となる産業の形態が変わることで、自ずからその社会に暮らす人々の心のありようも変わっていって当然だと。そして、販売、営業、宣伝、サービス業全般……、こうした他人の心の機微を読むことがそのまま仕事の本質に直結するような人々が増大する社会にあっては、仕事中だけに限らず、さらに余暇の時間も、他者の意向を汲む心性が強まっていくと考察した。

大集団の中での「不安」「孤独」……良心のやましさ

人の心は、器用な使い分けなどできないものだ。この「社会的性格」という、ある社会の中で人々の心のありようを規定してしまう力は、知らず知らずのうちに醸成されていく。結果、いつの間にか社会のオフサイドラインも変わっていく。常識が非常識に、非常識が常識に。

仕事中も、また仕事をはなれてからもつねに、社会的な圧力をうけているという事実な

のだ。（後略）

右に紹介してきた実業家はそもそも実地の労働者として人生のスタートをきった。だがその技能のゆえにかれは副社長になり、販売や広告の仕事を担当しなければならなくなってきたのである。そして、その結果**ひとびとやじぶんじしんを操作することについての不安をおぼえるようになってしまった**のだ。（同書　太字引用者）

一九五〇年代のアメリカと言えば、先に触れた通り、「アメリカン・ドリーム」が大衆の間に広がった、夢の時代と語られる。しかし同時に、誰もが頑張れば夢を摑めるという言説が声高に叫ばれることは、時に人々に抑圧をもたらす。「豊かさ」をめぐる経済の論理全開の時代は、人々の欲望も解放する。その欲望を刺激する競争が、「販売」「広告」という仕事への注力を促す。仕事でも余暇でも、人々の心を読む競争への参加は逃れ難い。

そしてここには、もう一つ大きな変化のポイントがある。産業が高度化し、組織も拡大、複雑化するにともなって、マネジメントのポジションへと移行した「かれ」は、自らの立ち位置、役割を選ぶことが既に困難となっている点だ。

「ひとびとやじぶんじしんを操作することについての不安」の背景にあるのは、自らの心の底にある思いに忠実に動くことができない、背信行為を行っているかに感じられる、良心のやましさとも言える。「内部指向」と「他人指向」の葛藤を生む、組織の論理の肥大化が描かれている。大集団の分母の中で、書名通り、「孤独」を抱えていく「群衆」。

「専門家」こそが「大衆化」していく時代から一世紀？

「孤独な群衆」一人一人が抱えていた思いを想像しつつ、そうした社会状況に到った背景に思いを馳せ、さらに二〇年前に遡ってみる。もう一つの視点を提示してくれるのが、多くの人が知る、あの古典だ。

わたしのいう大衆とは一つの社会層を指すのではなく、今日あらゆる社会層の中に現われており、したがって、われわれの時代を代表するとともに、われわれの時代を支配しているような人間の種類あるいは人間のあり方を指しているのである。大衆がわれわれの時代を支配していることを、われわれは以下の考察において、必要以上に明確に見ることができよう。

（『大衆の反逆』オルテガ・イ・ガセット　神吉敬三訳）

ご存知『大衆の反逆』は、著者であるスペインの思想家、オルテガが明言するように、「一つの社会層」という問題ではなく、当時のヨーロッパ社会全体にジワジワと広がっていく「大衆」的な性質への危機感から生まれている。それは、「自己満足と自己愛の感情」に取り憑かれ、慢心した「専門家」のメンタリティに一つの病根を見出すものだ。

今日、社会的権力を行使しているのは誰であろうか、また時代に自分の精神構造を押しつけているのは誰であろうか。それは疑いもなくブルジョアジーである。それでは、そのブルジョアジーの中で、最も優れたグループ、つまり今日の貴族とみなされているのは誰であろうか。それは疑いもなく専門家、つまり、技師、医者、財政家、教師等々である。それではこの専門家のグループの内で、最も高度にそして最も純粋に専門家であるのは誰であろうか。それは疑いもなく、科学者である。(中略)
今日の科学者こそ、大衆人の典型だということになるのである。しかもそれは、偶然からでもなければ、個々の科学者の個人的欠陥からでもなく、実は**科学——文明の根源——そのものが、科学者を自動的に大衆人にかえてしまう**からなのである。つまり、科学者を近代の未開人、近代の野蛮人にしてしまうからなのである。(同書　太字引用者)

ここで語られている「専門家」「科学者」というタームを狭義に職業としてのそれと捉えようとすると、オルテガの真意を取り逃がすことになるだろう。「科学」的なる思考「のみ」を真実と崇める「自然主義」の広がりへの強い警戒がそこにあり、取りも直さず、幅広い教養的な世界観の欠落への激しい怒りもあちらこちらに読み取れる。オルテガによる「大衆批判」の本質は、「科学」という「文明の根源」とされる思考が推進されるほどに、人々を「自動的に大衆人にかえてしまう」逆説にある。「科学」という客観の精神、それに基づく合理的思考という近代の成果が、時に陥穽となり、独善的な心性を蔓延させるという壮大な皮肉が語られる。

「経済的事実」にも「文学史」と同じく要求される注意深さと「腕」

こうして、一九七〇年の「疲労」が蔓延する消費社会の分析、五〇年の「他人指向型」が社会的性格となる産業社会の病理、そして、三〇年の「専門家」が構成する大衆社会の論理と、著作が発表された年をきれいに二〇年刻みで遡ってみたわけだが、二〇世紀大衆社会の内実の変遷の構図が見えてくるようで面白い。時系列に並べて平明に表現してみたなら、教養人より大衆に（三〇年）、個人より他人に組織に（五〇年）、そして生産より消費に（七〇年）……と、それぞれ重きが置かれる対象が変化していったというところか。一口に大衆化と言っても、歴史は一日にして成らず、の感がある。

時代の様相の変化を遡る旅、ちょうど二〇年単位となったのは偶然の御愛嬌だが、ここまで来たらさらに二〇年前に遡ってみたくなった。すると、きれいに二〇年とはいかないが、一九一一年に世に出た論考があった。イノベーションなる概念の生みの親として、現代のビジネスパーソンたちに知られる人物、ヨーゼフ・アロイス・シュンペーターの若き日の言葉だ。「創造的破壊」というキーワードで資本主義のエンジンを突き止めた男は、その名も『経済発展の理論』という解析の書の冒頭を、あえて、こんな言葉で始めている。

社会事象は一つの統一的現象である。その大きな流れから経済的事実をむりやりにとり出すのは、研究者の秩序を立てる腕である。われわれがある事実を経済的と名づけることはすでに一つの抽象であって、それは現実を思考の上に再現する技術的必要からやむをえずおこなわれる数多くの抽象の最初のものである。**どんな事実もその底の底まで完全にまたは「純粋に」経済的なものではない**。それにはつねに他の――しかもしばしばいっそう重要な――側面がともなっている。それにもかかわらず、われわれは科学において、日常生活におけると同じようにまたそれと同等の権利をもって、経済的事実について語るのである。この権利はさらに、**一国民の文学がその国民の存在のあらゆる他の要素と不可分に結合しているにもかかわらず、なおわれわれが一つの文学史を書きうる権利にも比較することができる**であろう。これと同じ権利がここでも用いられるのである。

（『経済発展の理論（上）』シュムペーター 塩野谷祐一／中山伊知郎／東畑精一訳 太字引用者）

ここに逆説的に表現されているのは、「経済」という領域で「理論」を展開しようとするに際しての壮大なる留保、読者への警告だ。文学史がまとめられること自体が、様々な抜き差しならない要素を捨て去ることによって成立する抽象化によるものであるように、実は経済という領域についてに思考することもまったく同様なのだと主張するシュンペーター。前提に対して無自覚なまま、「経済」という対象の定義を与件として分析を始めることの危険性がレトリカルに語られる。

原点は「経済」という問題の捉え方にある。「経済」現象として、カギかっこで括る時、概念の矮小化が生まれる。ここに近代という時代の価値観の基底にある、何ごとも「分析」に向け細分化していく思考様式の負の側面を見るように思う。抽象と捨象の罠がそこにある。

「経済」に対して、一見水と油のようなイメージを持たれる「文学」というメタファーを持ってきたセンスは、いかにも世紀末ウィーンで多感な青春時代を過ごした才人なればこそという捉え方もできるだろう。だが、そうした修辞的な表現の華やかさ以上に、近代的な思考の可能性と限界に気づいていたシュンペーターならではのアイロニーを感じる。異質と見える現象の深層にある同質性を見よ、というメッセージ。さらにそれは、逆に同質と見えるものの中にある異質性を見極めることでもある。

一つだけ最後に残る「仕事」とは？　仕事が再定義されるとき

シュンペーターの注意深さに倣って、再び、現代の仕事と余暇のハザマに立ち戻る時、ますますそこに安易な分類も分析も難しい状況を前に立ち尽くす思いがする。オンとオフ、生産と消費など、そこに二項対立のラインを引くことでむしろ自縄自縛に陥ってしまうような、近代の宿痾を感じるのだ。もはや、仕事は余暇であり、余暇は仕事であり、僕らはそれなりになんとか楽しくやっていく術を身につける段階へと到達したというのだろうか……、うっすらと疲労感を抱えながらも、他方では「ブルシット・ジョブ」が叫ばれる時代でもあるというのに。

だが、近代という、特殊な、短い時代の枠組みを外してみた時、少し見える風景が変わる。

三万年前まで、私たちの遠い進化上の祖先の間で儀式的な埋葬があったことを示す明確な証拠はほとんどなかった。ところが不思議なことに、約二五万年前、ホモ・エレクトスやホモ・サピエンスと同時代に生息していた、別の小さな脳を持つヒト属のホモ・ナレディについては、死者を埋葬していたというはっきりした証拠がある。アフリカ南部の研究者が、ホモ・ナレディが二三万六〇〇〇年から三三万五〇〇〇年前に、死体を意図的に、近づきにくい広い洞窟の、おそらく埋葬のために用意された部屋に運んでいた証拠を発見したのだ。それが事実なら、**認知能力が発達したヒト属の動物も死を恐れ、老人の世話をし、死者を弔っていた**と考えるのが妥当である。

それは**彼らが自分のまわりの世界と、そこでの経験を分ける概念的な装置を持っていた**ことを意味し、未熟な形ではあっても文化や言語も持っていたことになる。それなら彼らは、**ある活動を「仕事」、別の活動を「娯楽」と分けていたことは、ほぼ間違いない**だろう。これはとても重要である。なぜなら**仕事とは私たちが行なうものというだけでなく、言語や文化の中で表現され、あらゆる種類の意味や価値を持たされる考え**でもあるからだ。

(『働き方全史 「働きすぎる種」ホモ・サピエンスの誕生』 ジェイムス・スーズマン 渡会圭子訳 太字引用者)

ここに到って、あらためて金銭的な報酬に限定されない仕事、生きている上でのかけがえのない仕事の意味が、腑に落ちる。弔いという「仕事」を象徴として、この世界を見つめ直す時、眠っていた意識が動き出すような感覚がある。一〇〇年以上の時を経て、知らず知らず「死」を遠ざけていった近代の時の歩みの延長線上で、いかに「仕事」を、いかに「娯楽」を「余暇」を、再定義していくべきか。実はそれは、「経済」としても「文学」としても、考えるべき対象であることが示唆されているように思えるのだ。

仕事と余暇のハザマは、経済と文学のハザマでもあった。

10章 「唯物論」と「唯心論」のハザマで

「世界は表象である」その時、映像はいかに機能するか？

「世界はわたしの表象 Vorstellung（目前に見るように心に思い描くこと。心像、想像、観念など広い意味をふくむ）である」――

これは、生きて、認識をいとなむものすべてに関して当てはまるひとつの真理である。ところがこの真理を、反省的に、ならびに抽象的に真理として意識することのできるのはもっぱら人間だけである。

（『ショーペンハウアー　意志と表象としての世界Ⅰ』西尾幹二訳）

大胆な宣言で、この世界の姿を定義するショーペンハウアーの試みは、一九世紀初頭のドイツにあって相当野心的なものであったに違いない。日本では大正時代「デカンショ節」で、デカルト、カントと並び謳われたショーペンハウアー。どこかまだ旧制高校的教養主義の残り香があった昭和の空気を思い起こせば、「一度は読むべき」書とされていたかと記憶するが、正直なところ僕はなんとなく敬遠していた。デカルトやカントのように「精神／物質の二元論」「コペルニクス的転回」など人口に膾炙した明晰なものの見方を示した前二者に比べ、どこか捉えどころのなさを感じていたからか？ さらに言えば、哲学というよりは情念の吐露のようなイメージがあり、少々鬱陶しく感じていたからか？ いずれにせよ、敬して遠ざけ、あまり接することがなかった。だが時は巡り、このシンプルな宣言が、今妙に響くのだ。そして、世界が表象であることを、真理として意識できるのは人間だけだという断言からも、様々な連想が働く。

たとえば、Vorstellungを「表象」とし、その意味するところを、「目前に見るように心に思い描くこと」と注釈をつけた訳者たる西尾幹二さんの感覚を頼りに想像力を膨らませれば、これはまさに映像的なるものではないかと読み取りたくなる。もちろん、ショーペンハウアーがこの文章を綴ったのは、リュミエール兄弟による映像の発明より七〇年以上前のこと、時代と人々の意識を大きく変えた、表象を具現化させる光学技術の存在など知る由もない。だが、実際に彼がフィルムに映し出された世界を目の前にしたならば、一体どんな感慨にふけり、どんな思想を展開したことだろう？ 見る者の心に、あるイメージを思い描かせる芸術として発展していった映像という技術。人間の認識、意識のありようとこの世界との関係性を思考し続けたショーペンハウアーにとって、格好の思考のツールとなったはずではないか。こんな件がある。

あらゆる客観的なものは、客観的なものであるからして、認識主観によって、その認識形式をも含めて、多様なかたちで制約を受けていて、主観の認識形式を前提としている。したがってすべて客観的なものは、主観を取り去って考えれば、消えてしまうものである。唯物論とはそれゆえに、われわれに直接的に与えられているものを、わざわざ間接的に与えられているものから説明しようとする試みである。（中略）物質的なものは――くりかえして言うが――さまざまな制約を受けきわめて間接的に与えられたもの、したがって単に相対的に存在するものにすぎない。なぜなら、物質的なものは、脳の機構と工程とを一度はくぐり抜けているからである。つまり時間、空間、因果性といった形式へ一度は入りこんでいるからである。この形式の力を借りて、物質的なものははじめて空間のなかで広がりをもち時間のなかで働くものとして示されるようになるのである。（同書）

主観と客観という二分法を超えて、あるいは唯心論と唯物論という二項対立から逃れて、人間の認識というものの本質を丁寧に探究しようとする精神が示された文章とも言える。AI時代ゆえに人間による認識という行為についての再考がなされ、同時に機械による認識とは何かについても議論が活発化する現代だからこそ考えるヒントとなるであろう箇所が目に飛び込んでくる。AI社会論としても読めてしまう、現代性。こうした歴史の順序の転倒を意識しながら想像力の世界に遊ぶのも、古典を斜め読みする楽しさだ。

「時間、空間、因果性といった形式」も、脳内の過程で認識することで明らかとなり、そのことによって、「物質的なものははじめて空間のなかで広がりをもち時間のなかで働くものとして示される」とは、こちらは映像による認識の基本的な流れを記述したかのように読める。時間を織り込むことで成立する表現芸術であることが映像の重要な一大特性なわけだが、既にしてショーペンハウアーの頭の中では、フィルムの映写機が回っていたかのようだ。

映像無き時代の映像論としての可能性。その思考のベースを成しているのが、唯物論と唯心論のハザマにあって、どちらか一方に与することのないスタンスであったことも面白いと思う。

芸術は衝突だ――「モンタージュ理論」によって無意識の探究へ

『意志と表象としての世界』が著されたおよそ一〇〇年後、映像という画期的な時代の技術を深く探究した男が、北の大地に現れる。セルゲイ・エイゼンシュテインだ。彼は、映像の初期条件である「時間を取り込む」という特性を、徹底的に考え抜いた。まるで、ショーペンハウアーの問題意識を引き継ぐかのように。

運動の感覚を知覚するための映画のような――その幼稚な水準においてさえも――すぐれた手段をもっているわれわれとしては、やがて、この四次元の空間時間の連続体のなかにあって具体的に方位を測定することを学ぶであろうし、またそのなかにあっても自分の家のスリッパーをはいているのと同じように寛ろいだ気分になれるであろう。そして、われわれはやがて第五次元の問題を提出することになろう。

（『映画の弁証法』エイゼンシュテイン　佐々木能理男訳編）

「四次元の世界」と題する項目での記述だ。映像は、時の流れの中で成立する。被写体に向けられたカメラが紡ぎ出す一つのカット。そこから物語が始まる時、そこに、次の新たなもう一つのカットがつなげられる。時間が「四次元の空間時間の連続体」＝映像を成立させ、「五次元」の新たな意味を生み出す。その思索は、こんな言葉を参照することによっても始まる。

モンタージュ的思考は分化的に感覚することの頂点であり、「有機的な」世界を解体することの頂点であって――数学的に間違いなく計算をなしとげる道具・機械といった

ものの形をとって、新たに実現されている。（同書）

映像表現に携わる者の多くが一度はそのページを開いたエイゼンシュテインの映像理論の核心にある概念は、モンタージュだ。一九二五年のソ連映画『戦艦ポチョムキン』の監督として知られる彼は、映像の演出、編集の技法において革命的な業績を残している。全く異質なカット同士の組み合わせで生まれる新たな意味、見る人の心に生まれる感情。そこに編集の妙がある。


ショットは決してモンタージュの要素ではない。

ショットはモンタージュ細胞である。

細胞が多数集まって、有機体なり胚芽なりといった、別の秩序をもつ現象を形成するように、モンタージュは、ショットからの弁証法飛躍の他の側にある。

では、モンタージュは何によって特徴づけられているのか、したがってまた、その細胞であるショットは何によって特徴づけられているのか。

それは衝突によってである。たがいに対立する二つの断片の闘争によってである。

（同書）

一つのカットという映像の断片を「細胞」に喩えるエイゼンシュテインは、その連鎖であるところの作品を「有機体」のように感じていたと言っていいだろう。単に断片では意味を持たないものが組み合わされて、新たな命を生んでいく。逆に、生命として躍動するもののパーツであるならば、それは「細胞」と言っても過言ではない、というわけで、そこに部分と全体の往復運動が生まれる。編集後の作品と個々のカットの間に血が通い、脈打つような関係性が生まれる、というわけだ。実際、様々な内容、テーマの映像表現の編集にあっていつも試行錯誤している現場に携わる身からすれば、エイゼンシュテインの激しいまでの断定には、少し首を傾げるところもある。そこまできれいに秩序立った方法論をいつも貫徹できるのかと問われれば、それも怪しい。だが、彼が意図していたことの核心部分には、皮膚感覚で共鳴する。

芸術は衝突である、というテーゼもその一つだ。「対立する二つの断片の闘争」とは、たとえば、「静」と「動」を組み合わせる時、そこに生まれる心の高まりであり、AとBをつなげた時、見る人の心に生じるCだ。衝突の結果生まれるのは、新たな効果、新たな感情なのである。このパズルを組み立てる喜びが、映像編集の面白さの重要な源泉の一つであることは間違いなく、いまだ古びることがない。映像が連鎖していく中、部分が全体に影響を与え、全体が部分の意味を変容させていく。往復運動の中で生まれる試みに潜む論理を整然と言語化するのは至難の業だ。そして、このパズルを解く面白さは、正解がない上に、作り手自身も制作の過程で自らの心の底に眠っていた想いを発見することだと言える。

かつて様々な国々のディレクターやプロデューサーが集まる場で「新企画開発のノウハウ」をテーマに話す機会が何回かあったのだが、いつも一番シンプルに参加者たちに伝わったのは、話の流れで黒板に書きなぐった氷山の断面図だった。一角にちょこんと三角の山肌を出し、大部分を水面下に眠らせている北極で見るような光景。水上が意識、水面下が無意識のメタファーというわけで、僕らが意識できている世界は、どう頑張ってもわずかな一角、だが広大な今までの体験の領域が無意識の世界として水面下に広がっている。だから誰も心配することはない、リラックスして無意識に下りていければ、この世界に生きてきた人である限り既に心の奥底に新たなアイデアは眠っている……、こんな話をすると、素直に反応してくれる人々が多く、手応えを感じたものだ。無意識の解放による精神の躍動のイメージは、国や文化を超えて普遍的なものだと感じ入った経験だ。

感覚の運動としての映像――芸術理論と政治思想をつなぐもの

それにしても、エイゼンシュテインの熱い映像理論は、味わうほどに単に「衝突」ばかりでなく、「葛藤」も読み取れるように感じる。それは、映像表現が生み出す両義的な感情の

「葛藤」でもあり、彼自身の心の底にあった葛藤でもあったかのようだ。ここに、時代の皮肉なめぐり合わせを感じ取るのは、邪推というものだろうか。

ロシア革命の時代に、社会主義のプロパガンダとして映画製作に携わったとされるエイゼンシュテイン。だが、どこまで彼自身が、革命の礎であったところの史的「唯物論」を確信していたかは、想像に頼るしかない。先に触れたように、カットを「細胞」とたとえ、無機的なものにすら有機的な生命の鼓動を感じとろうとしてしまう彼の感受性が、単に「唯物論」のみを無条件に受け入れて映像の理論を組み立てたようには思えない。そこにエイゼンシュテインの底知れない大きな謎があり、心の揺れがあるのではないか。

時代のうねりの中で、一人の人間の中に生まれる、様々な揺れる感情。それを徹底的に考察し続けた先行者は、こんなところにもいる。

希望　すなわち、達成できるという意見を伴う「欲望」は《希望》と呼ばれる。
絶望　達成の見込みのない「欲望」は《絶望》である。
恐怖　「嫌悪」の情に加えて、対象から「害」を受けるという考えが伴うときは《恐怖》である。

（『リヴァイアサンI』ホッブズ　永井道雄／上田邦義訳）

希望、絶望、恐怖……。こんな調子で人間の心の内に湧き起こる様々な感情の定義を延々と記述しているのは、トマス・ホッブズだ。「万人の万人に対する闘争」という、あの刺激的な言葉が出てくる著書『リヴァイアサン』は、人間の想像力、思考、感情などについての記述にかなりの紙面が割かれている。「暗く陰惨」と形容される宗教戦争の時代に、多くの人々の間に安易に人を信じることもできないメンタリティが形成されていったであろうことは想像に難くない。ホッブズも時代の子だったと言うべきかもしれないが、そこから徹底的に、人間の心理、精神の構造について言葉を重ね、考察を深めていく。そこには、社会科の授業で語られる「社会契約説」などというような整然とした概念と簡単には結び付かない、人間の溢れるような感情への記述と考察が続く。二〇一七年春、極右勢力の台頭が話題となったフランス大統領選を契機に民主主義の本質について考えた「欲望の民主主義」（NHK BS1 2017年4月23日放送）の制作の過程であらためてこの書を紐解いたのだが、新鮮な感慨があった。そして、人間の内に湧き起こる感情という厄介なものについて、冷徹なまでに容赦なく自問し続ける彼の姿に、エイゼンシュテインにも重なるような問題意識を見た思いがした。

あらゆる映像（ファンシィ）は私たちの内部における運動であり、感覚中につくられたそれらの運動の名残りである。そして感覚のなかでたがいに続いて起こった運動は、そののちも感覚のなかで一緒に続いて起こる。したがってまえのものが再び生じて、しかも優勢であるかぎりは、あとのものは動かされた物質の凝集によって前者に続く。それは平たいテーブルの上の水の一部が、指でどこかへ導かれると、全体がその方向へ引かれるのと同様である。(同書)

心に形成されるイメージ＝「映像」をめぐる精神の運動、感情の変化についての飽くことなき探究。心に尾を引く、強い感情を誘発するようなイメージが作用し、次なる「映像」の意味も変わることへの考察は、まさにエイゼンシュテインのモンタージュ論と共振するものだ。視覚的なイメージをめぐる表現論を展開する、クリエーターとしてのホッブズの姿が浮かびあがる。様々なドロドロした思惑が渦巻く社会にあって、心の底にある思い、精神のメカニズムなどを冷静につぶさに観察することで人間の性に迫り、隠された感情を暴き出す。

それにしてもびっくりするのは、ホッブズの『リヴァイアサン』も、映画の発明やフロイトが無意識の存在を唱えた時代より二五〇年近く前の話なのだ。「感覚中につくられたそれらの運動の名残り」とは、なんとも興味深い表現だが、人の心にひとたび生まれた強い印象、記憶……それは残像となり、他の感情をも巻き込み、独り歩きしてしまう、というのだ。僕たちはいつも残像を、虚像を見ているという言い方もできるだろう。

「残像」に縛られ認識の誤りを犯す人間の性

ホッブズは、その名も『人間論』として著された書で、幾何学の探究から論を展開し、人間の「錯覚」について指摘する。

画像中に平面として描かれているものが平面でなく見え、画像中では長くないものが長く、前傾しているものが直立して見えるほど注意深く、透視図法による画像を眺める人々は、本来的に言えば、画像そのものを見たり感覚したりしているのではなく、描き手の模倣している事物そのものを、見えるものに先立って思い起こしている、ということである。

（『人間論』トマス・ホッブズ　本田裕志訳）

さらに、こう続く。

「見えるものに先立って思い起こしている」人間の認識という機能。

ちなみに、右のことから次のこともまた理解することができる。すなわち、多くの経験からたくさんの事物について、観察され比較された自然な見え方を、記憶によって保持しており、そのうえしっかりした想像力を持っていて、造形されたものを眺めている間、かつて見た事物の観念が心から消え失せないような人でなければ、ものが見えることのあらゆる理を見通した哲学者も含めて誰ひとり、透視図法による画像の判定者ではありえない、ということである。（同書）

ホッブズは、人間の認識というものの不確かさを指摘し、そしてそれが生み出される仕組みの考察を、淡々と続ける。過去の記憶が邪魔をし、フラットに対象を見つめる眼差しはかき乱され、今目の前にあるものの形状すら正確に認識することが困難だという哀しき人間の性が、論証される。確かに鮮烈な印象は、一つの強い画像となって心の底に沈む……。ここでエイゼンシュテインなら、だからその人間の認識の特性を直視した上で、モンタージュの理論を生んだのだと胸を張るのかもしれないが。

ホッブズもエイゼンシュテインに負けじと、「モンタージュ論」を展開している。『リヴァイアサン』にこんな一節がある。

人が何かある一つのことについて考えるさい、そのあとに続く彼の思考は、一見偶然のようにみえるが全部が全部そうなのではない。つまりあらゆる思考が無差別にあらゆる思考に継続するのではない。かつて全体的あるいは部分的に感覚を持ったことのないものについてはイマジネイションを持つことがないように、一つのイマジネイションから他のイマジネイションへの移行も、すでに私たちの感覚中に同じような経験がなければ起こりえない。

（『リヴァイアサンⅠ』ホッブズ　永井道雄／上田邦義訳）

まるでスリラー映画を構想する映画監督の言葉のようだ。過去の記憶の残像が強烈であるほどにそれは増幅され、人間の思考は、ある一つの方向へと進んでいってしまう。それがぬぐいがたい恐怖という感情であれば、なおさらだ。恐怖が恐怖を呼ぶ。「幽霊の正体見たり枯れ尾花」はご愛敬だが、実際、過去の強い体験、視覚的な記憶にも残る一コマが、フラットな思考を邪魔してしまう経験は誰しも思い当たることだろう。感情が独り歩きし、エスカレートする現象、強迫観念が生まれるメカニズムは、恐怖と呼ばれる感情ほど加速することも、体感的に知るところである。その集団的な究極の形がファシズムであったことも、その後の歴史が知らしめるところだ。

それにしても、ここまで書き進めてきて少々不思議な感覚が頭をかすめるのは、人間の感情の襞について微細な変化も見逃すまいと考究するホッブズも、ひとまずは「唯物論」の人として語られてきたのではなかったかということだ。確かに、精緻なまでに科学的なものの見方で機械論的な世界観を展開したその思考は、「唯物論」というカテゴライズをされてもおかしくはないだろう。だが、「物」の世界から零れ落ちる「心」の世界の考察の圧倒的な分量と、その背後にある執拗なまでの分析の熱量を感じとる時、そうした記号化にも、少し疑問が生まれる。「唯物論」と「唯心論」のハザマで揺れるホッブズの思考。

客観と主観のハザマにある表象の正体は？

エイゼンシュテインのベースにある思想も、先に「謎」という表現をとったように、ホッブズ同様に彼もまた、「唯物論」と「唯心論」のハザマにあった人のように思えるのだ。「唯物論」を掲げて映像理論を熱く語るほどに、「唯心論」的な精神の運動への思いが噴き出し、時にそれは読者には「矛盾」を感じさせる。

たとえば、先に引用した『映画の弁証法』の中にも、「感情と理解」と名づけられた項目に、こんな記述がある。

演技の完成された方法と、知識を獲得するための完成された方法とのあいだには、いったい、どこに区別があるのだろうか。「感情」と「理解」という二つの領域を、二元論的に承認する考え方にたいして、新しい芸術は、或る種の制限を加えなければならない。科学にたいしては、われわれは、失われたその感覚性を取りもどしてやらなければならない。科学の知的過程には、もえる熱火と、自然の風景とを、とりもどしてやらなければならない。

（『映画の弁証法』エイゼンシュテイン　佐々木能理男訳編）

映像という新時代の芸術表現で、二元論を超えていく決意を語るエイゼンシュテイン。「感情」と「理解」と、あるいは「科学」と「感覚」のハザマで。様々な対極にあるかと思われるメタファーの対比が、次々に繰り出される。

この一見「矛盾」と感じさせることこそが、むしろエイゼンシュテインの「理論」の魅力なのかもしれない。彼自身は、信じてかやむを得ずか、「唯物論」という「科学」の一環であるかの如く映像「理論」を説いてみせるのだが、そこにはそうした枠組みには収まりきらない、ある種の情念が蠢いている。

そしてさらにもう一歩踏み込んで言うならば、映像という装置自体が孕む性質の両義性こそが、エイゼンシュテインにこうした引き裂かれるような「叫び」をあげさせたのではないだろうか。極めて「唯物論」的な側面と、「唯心論」的な側面が入り乱れる映像表現の世界。どんなにデジタル化が進み、即物的な電気信号による科学の領域がいくら広がっていっても、同時にどこまでも同じ強度で、そこに映し出されるアナログ的な土着性、鵺《ぬえ》のようなイメージの世界が消えることはないだろう。ある意味、映像という虚実皮膜の中にある世界そのものが、「唯物論」「唯心論」という単層の次元では捉えられない存在のように思えるのだ。

意志と表象と、最後に出合う「無」とは？

さて、映像無き時代に、既にして映像的な感覚を宿していた人物としてショーペンハウアーを捉えることから始まった本稿だが、最後に今一度、彼の言葉に帰ってみよう。『意志と表象としての世界』を読み進めると、膨大な探究の終盤、こんな記述に出合う。

われわれが完全なる聖境に達すれば、いっさいの意欲の否定ならびに放棄を目のあたりにし、まさしくこれによって世界からの解脱——世界の全存在はわれわれには苦悩として現われている——を目のあたりに見ることになる、というところまで、本書の考察がついに到達したのであってみれば、それならばほかでもない、このことこそわれわれには空虚な無への移行のように思われてくるということである。

（『ショーペンハウアー　意志と表象としての世界Ⅲ』西尾幹二訳）

「意志と表象が世界を生む」ことを追究し続けた果てに、ショーペンハウアーが辿り着いたのは、あらゆる苦悩は意志が生むというテーゼだった。そして、この人生の苦悩から逃れる為には「世界からの解脱」をする他ないという、仏教の教えのような言葉が並び、「空虚な無」と向き合う境地が示される。

しかしその一方で、こんな記述もある。

われわれがこれほどにも無を嫌悪しているということ自体が、われわれがいかにはなはだしく生を意志しているか、われわれが生きんとするこの意志以外のなにものでもなく、この意志のほかにはなにも知っていないということを、別様に言い換えていることにほかならない。――（同書）

「無」しか安らかな境地はありえないのに、「無」を嫌う人間。やはりこの世を生きていく為には、苦悩を生む意志であっても、捨て去ることはできない。否、生きることは、意志と哀しみを抱えて生きていくことだとも読める件だ。ショーペンハウアーが「悲観主義」の思想だと言われる所以である。

だが、こうした一連の文章を読んでいても僕が不思議に感じるのは、彼の言葉は生きることに対して決して否定的なトーンを帯びているようには思えないことだ。意志と表象と無をめぐってグルグルと渦を巻くような文章が繰り広げられていても、どこか乾いた風が流れている。まるで、禅の公案のように、気持ちよく宙に投げ出された気分がするのだ。

『意志と表象としての世界』は、こう締め括られている。

福音とはすなわち、ただ認識だけが残り、意志が消えてなくなってしまったというそのことにほかなるまい。──（中略）

意志を完全なまでになくしてしまった後に残るところのものは、まだ意志に満たされているすべての人々にとっては、いうまでもなく無である。しかし、これを逆にして考えれば、すでに意志を否定し、意志を転換し終えている人々にとっては、これほどにも現実的にみえるこのわれわれの世界が、そのあらゆる太陽や銀河をふくめて──無なのである。（同書）

ここにある「無」は、ペシミズムともニヒリズムとも異なる、ある境地のように感じられる。映像という認識の装置を介して、僕らは日々、どこかしら「無」を垣間見ているのか。映像表現と共にその人生があった小津安二郎が、墓碑銘に自身の希望で「無」の一文字を刻んだことを想起してしまう。

唯物論と唯心論のハザマにある「無」。「意志と表象」としての映像に、今日も向き合う。

11章 「日常」と「非日常」のハザマで

日常と非日常が倒錯する時代に響く寺山修司の〝中断〟

最近、朝、目が覚めるか覚めないかの微妙なあわいで、夢か現かにわかに定め難い奇妙な感覚に囚われることがなぜか増えた。その度に言葉にするのが難しい、実に不思議な感慨を抱く。たとえば、知らない人ばかりの会社のオフィスで早く報告書をまとめなくてはと独り焦っていたり、どこか見覚えのある風景がいくつか組み合わさったような十字路でどちらへ行こうか迷っていたり……。こんな思いを人に伝えたなら、睡眠不足が原因の寝覚めの悪さと決めつけられ、それは夢だと即座に断定されてしまうことだろう。だが夜中にぐっすり眠っている時のそれとは、また異なる感覚の中にいるようなのだ。曰く言い難い、微妙なまどろみのひと時。

日常と非日常のねじれの位置にあるようなこんな気分に誘われて思い出すのは、イリュージョンのさすらい人、寺山修司の感性だ。彼が得意とした「虚実皮膜」という言葉は、まさにこういう時に使うのではなかったかと、彼の書を捨てずに、開いてみる。歌人、詩人、劇作家、演出家、映画監督、競馬評論家……。対談相手の柄谷行人に、様々な顔を持つと世間から言われることについてどう考えるかと問われた時の答えが、既に寺山らしい。

ぼくには「全体像」としての個人という認識がないんですね。短歌をつくっていた自分と、いまこの席に坐っている自分とはまったく他人である。同時に、競馬場の放送席で馬の血統についてしゃべっている自分もまた他人であって、それぞれ不連続に他人として共存している。それを、おしなべてひとつに人格化しなければいけないという考え方から、だんだん遠ざかってきたっていうことなんだと思います。

だから、最近興味を抱いている観念は〝中断〟ということです。バラバラに解体された個が連続しそうになる、あるいは人格としてのひとつのコンテクストができかかる、「ストーリー」になりかける、ということに苛立つということなのね。

(「ツリーと構想力——寺山修司」『柄谷行人対話篇Ⅰ 1970–83』)

主体としての一貫性、自己同一性＝アイデンティティという物語からはみ出して、〝中断〟の可能性に賭けようという、飄々としつつもしかし確かな主張。なるほど、毎朝のあの不思議な感覚も、何らかのストーリーに回収することなく〝中断〟のフラグメントとしてそのまま宙に浮かせておいても良いではないかと、勝手に一人納得する。
そして、僕も〝中断〟があると呼応する柄谷に対しては、こんなことを言い出す。当時「文芸評論家」として小説を沢山読むことを課せられていたであろう柄谷を慮っての言葉というところか。

世界を「小説」として読む権利は読者のほうにある。しかし、逆に言えば小説をたくさん読んで「オレは小説を読んでいない」と言う権利もある。「小説」と名づけて出されたものを、精神分析の本だと思って読む権利もあるでしょう。（中略）
思いがけないもの、つまりまったく予期できなかった偶然を想像力で組織することは、連続性の〝中断〟でもあるわけです。それは、知らない人からくる一通の手紙とか思いがけない訪問者との出会いのようなものです。自分の日常の概念では捉えがたい「異物」の媒介によって出てくる「言葉に対する疑い」、「価値に対する疑い」、まさに「意味そのものに対する疑い」を含めて、そういうものがドラマツルギーというものじゃないかという感じをもっているわけです。（同書）

人格の〝中断〟の話は、様々な場における突発的な「偶然」「出会い」の大事さを説くことへとつながっていく。表現者として手垢のついたストーリー、紋切り型の物語化に埋没することから逃れてこその「ドラマツルギー」だという強い思いが表明される。寺山ワールドの魅力は概念の壁や、物ごとの境界を軽々と越えて、自在に新たな定義を生んでいこうとするところにある。こうした寺山の言葉に触れていると、なんだか自ずと心が解き放たれるようだ。夢か現か、微妙なあわいにあっても、そのままでいいという気分になる。

そこでふと最近の我が身を省みれば、エビデンス、ファクト、データといった「現実」の洪水の中で、救命ボートとしての幻想、まどろみの時を求めていたのか？ という思いに到る。日々デジタルな価値観によって包囲され、いつの間にかコンピューターに向かって説明責任を果たすことを課されているかの如き錯覚すら抱く日常。0と1の世界によって組み立てられた「現実」の深海で溺れる前に脱出路を求めて。

そういう意味では、三〇年近く前、デジタルの世界が広がりを見せた時に語られた夢の世界の方が今や「日常」で、そこにバグが生まれる時が「非日常」という逆転した感覚が隆盛となっている時代とも言える。一瞬の裂け目を求める感性への希求が、朝のまどろみの正体か？ いずれにせよ、二一世紀も四半世紀近く過ぎようとする今、「日常」と「非日常」が意味する世界も倒錯しているように感じる。

「非日常」に入り込むことで「日常」をつかみ出す覚悟

デジタルな世界が、バーチャルな夢の空間を演出する一方で、デジタルタトゥーのように、ある意味ネガティブな意味でも主体の一貫性を課してくることが「日常」となった時代ゆえに感じる、ネット時代のねじれ。

　つまり、現実を虚構として二元的に捉えることができなくなってゆく事件、「現実と虚構は両義的なものだ」と言ってすませられない事件。受け手の側に、ある種の主観が働かないかぎりはそれらは排除できないから、混乱は深まるわけです。（同書）

こんな言葉も寺山の口から飛び出すのだが、SNS上でのカジュアルな出会いが発端となることも多いという現在のネット犯罪について、コメントしているかのようだ。虚実入り乱れその真偽が曖昧模糊とする時代に、新たな意味を伴って響いてくる寺山の言葉。

「虚実皮膜」の世界観で、夢か現か幻想の世界に戯れた寺山だが、そのイリュージョンは決して単なる朦朧の肯定ではない。そのスタンスは冷静にして理知的だ。たとえば、漫画「あしたのジョー」で、ジョーの永遠のライバルだった力石徹が原作の中で死を迎えた時、「日本読書新聞」に寄せた文章にその一端を垣間見ることができる。力石という虚構の登場人物の葬儀を仕掛け、葬儀委員長まで務めた寺山はこう綴る。

　このマンガに於ける力石の役割は体制社会の権力の投影によって成立っている。力石はアメリカのスーパーマンの戯画のような顔と資本家の後援と、理性的判断と高度な技術によって君臨している。

（『負け犬の栄光　寺山修司が駆けた60年代』寺山修司）

「誰が力石を殺したか」と題された随想だが、ここにはノスタルジックに感情移入するようなそぶりは微塵もない。物語分析をするかのようにキャラクターの役割を明快に示してみせた上で、文章の最後をこう締めくくるのだ。

　力石は死んだのではなく、見失われたのであり、それは七〇年の時代感情のにくにくしいまでの的確な反映であると言うほかはないだろう。東大の安田講堂には今も消し残された落書が「幻想打破」とチョークのあとを残しているが、耳をすましてもきこえてくるのはシュプレヒコールでもなければ時計台放送でもない。矢吹丈のシュッ、シュッというシャドウの息の音でもない。ただの二月の空っ風だけである。（同書）

一九六九年東大安田講堂攻防戦という形で一つの結末を迎えた六〇年代末の学生運動の「幻想」を痛烈に否定する。安田講堂に籠城し、「幻想打破」と書いていた当人たちこそ「幻想」に浸っていた皮肉を、淡々と語るのだ。

実はこうした視点にこそ寺山の真骨頂があるのではないか。しばしば、ああでもないこうでもないとも聞こえてくる、なだらかな曲線を描くようなあの独特な語り口も相まって、いつも夢見心地を彷徨う情感たっぷりの世界を蛇行しているかの如きイメージを持たれがちな彼の言葉だが、その認識はいつも冷静でリアルだ。そして、明確な方法論があるように思われる。「夢見る」ことによって、「非日常」に入り込むことによって、現実の「日常」をつかみ出すのだ。そこには構造を読み解く明晰な思考があり、確かな覚悟がある。

人間が抱える「悪について」　そこにあるジレンマの正体

現実を認識する為に、夢を見る。この逆説は人間という存在である以上避けがたいことだと考えた人物が、もう一人いる。寺山とはまた異なる立ち位置から、人間の虚構を生み出す力の本質に迫ったのは、『自由からの逃走』で有名なドイツの社会心理学者、エーリッヒ・

フロムだ。

第二次大戦の最中、ヒットラーの独裁にいかにしてドイツ国民は傾倒していったのか。フロムによるその考察は書名通り「自由」をめぐる人間の心理の皮肉な性を暴き出した。自由を手にする代償として生まれる孤立、孤独、恐怖の感情。自由が人々にもたらす心理は、近代社会の宿痾のようにつきまとう。巨大な社会の仕組みを自分一人で変えることはできないという無力感は、「日常」にあっては様々な娯楽などの気晴らしで隠されているが、あるきっかけで「非日常」が訪れれば一気に噴出する。恐怖に駆られた感情は、時に一つの「権威」「力」に救いを求める。孤独や責任に耐えかね、せっかく手にしていた自由から逃避してしまうメカニズム。個々人の心が影響し合う状況にあっては、いよいよ止められないものとなっていく。

フロイトによる無意識の発見を独自に発展させ、心の弱さを抱えた人々の集団が生み出す社会の力学を解明しようとしたフロムだが、『悪について』という著書でさらに人間の心理の深部へと分析を進めている。「悪」がいかにして生まれるか？　「日常」と「非日常」のハザマで夢見る人間であるがゆえの極めて両義的な性質が、丁寧に分析されていく。人間という存在が、そもそもある根源的なジレンマを抱えていることに起因するとフロムは指摘する。

私は、このジレンマは人間の本質をある性質や実体ではなく、人間という存在に内在する矛盾と定義することで解決できると考える。その矛盾は次の二つの事実に見いだせる。（1）人間は動物だが、その本能的な技能は他のすべての動物と比較しても不完全で、それだけでは生存が保障されないため、物質的ニーズを満たす手段を生み出し、言語と道具を発達させた。（2）人間には他の動物と同様に知性があり、直接的、実際的な目的を果たすために思考過程を使うことができる。しかし人間にはもう一つ、動物にはない精神的な特質が備わっている。人は自分自身を知り、自分の過去や未来、つまり死を自覚している。また自分の小ささや無力さもわかっている。他者を他者——友人、敵、未知の人——として認識している。人は他のすべての生物を超越しているが、それは**自らを意識できた最初の生物**だからである。

（『悪について』エーリッヒ・フロム　渡会圭子訳　太字引用者）

「自らを意識できた最初の生物」という定義は、人間という存在の可能性と限界を示唆する、凝縮された表現だ。人間は動物であって、単に動物であるだけではない。言語と道具を使うことはできるが、他の動物たちと同じように本能に従って生きる側面を忘れるわけにはいかない。さりとて本能だけではなく、自らの存在を社会や歴史の中に位置づけることで理性的にふるまえる側面もある。二つの「矛盾」した要素がいつも綱引きをしている存在、というわけだ。

フロムによれば、人間の心は二層構造のようだ。動物としての人間＝生理的な欲求、本能を基本とする部分と、神としての人間＝後天的な欲求、成長していく中で獲得される部分が層を成し、それぞれが水と油のように交わることなく主張するとしたら、心の存在自体いつも矛盾にさらされることになる。それらが、想像力と言われる領域に分類される思考であり、感情であることにも複雑な感慨を抱く。

人間が常に「解決を強く求めている」葛藤が「悪」を生み出す

理性的であろうとするとともに、情念にも突き動かされる。「善」に従って生きようとするとともに「悪」も望んでしまう。羊にも狼にもなり得る人間の心のありようを説いたフロムは、その考察を一歩進める。

これまで説明してきた矛盾は基本的には、人間は身体であり精神である、天使であり動物であるといった、互いに矛盾する二つの世界に属しているという古典的な見解と同じである。私がいま指摘したいのは、この葛藤を人間の本質――つまりそれがあるために人間が人間になるもの——とみなすだけでは十分ではないということだ。この説明の範囲を越え、**人間の葛藤そのものが解決を強く求めていると認識することが必要**である。（同書　太字引用者）

動物であり動物でない人間は、二つの世界に引き裂かれる状態にあるというだけではなく、そのジレンマ自体を解決したいという「強い思い」を「常に」「誰もが」持っているというのが、フロムからの重要なメッセージだ。それは「葛藤そのもの」であり、生きている以上、人間が最も強くその解決を求めてしまう「矛盾」なのだという。その解決の答えを求める時、どうしても外せない条件が次の一文で表される。

分離されているという感覚を乗り越え、連帯感、一体感、所属しているという感覚を得ることを助けるものでなければならない。（同書）

無意識に求める「連帯感」、「一体感」、「所属しているという感覚」。それは仕事やスポーツなどでチーム一体となることでの勝利など輝かしい結果を生むこともあれば、時に国一丸となって戦争に突き進むような恐ろしい排除の論理を生むこともある。裏を返せば「連帯感」という精神状態は、健全な競争の場でも闘いの場でも同じ心の構造から生まれている可能性があり、安易にすべてを肯定できない感情であることを示唆している。

群れを成したくなり、一緒でないと不安に感じてしまう性質。誰もが持つ、人間の根本にあるそれは、時に光ともなるが、時に大いなる「悪」も生み出してしまう。

自分を失う「悪」に走らない為に必要な虚構の中での覚悟

日常と非日常のハザマから「悪」を生む心のメカニズムにまで話は及ぶことになったが、現代では厄介なことにそれはさらに身近な問題になっていると言えるだろう。スマホ漬けの日々の中、ディスプレイの中で増幅される、「一体感」の幻影。

孤立を恐れる時優位に働くのは、何千年と受け継がれてきた、群れを作る動物的な本能に関わる部分だ。フロムは、それを「退行的解決法」と呼んで批判する。集団に居場所を見つけられない孤独や将来に対する不確実性などによって生まれる恐怖の感情から解放されたいと願う時、動物から進化してきた人間は、つい手っ取り早い解決法を「自分が来たところ」に求めてしまいやすいというわけだ。長い歴史の果てに獲得したはずの言葉や理性などを捨て、動物としてのみあった頃の感覚、原始的な状態に戻ろうとしてしまうという。それは、自らの頭で理性的に判断する以前に、皆と一緒であるという安心感だけで動く「退行」に他ならない。ただ多数の人々が自分と同じようにしていることで、一人となる不安から逃れているに過ぎないのだが、その居心地のよさを優先してしまう現象だ。孤独に耐えられない弱さゆえに、集団との同一化へと走り安心しようとする性向そのものを、フロムは「悪」だと定義する。

悪は人間に独特の現象である。それは人間以前の状態に退行し、特に人間的なもの——理性、愛、自由——を抹消しようとすることだ。（中略）悪は人間的な領域を越えて、非人間的な領域へと移ろうとする試みだが、それは実に人間的なことなのだ。人間は〝神〟になれないのと同じように、動物になることもできない。**悪とはヒューマニズムの重荷から逃れようとする悲劇的な試みのなかで、自分を失うこと**である。そして悪の潜在力がますます増大するのは、人間には**想像力が与えられているために悪のあらゆる可能性が想像でき、それに基づく欲望と行動を起こし、悪の想像をかきたてる**からだ。
（同書　太字引用者）

自分を失わない為に。
ここに到って、「自らを意識できた最初の生物」という、人間ゆえの「動物にはない精神的な特質」が深く関わってくる。将来の死も想像し人生が有限の時間であることも認識できてしまう人間には、過去、現在、未来などの概念がある。その時の流れの中にある「自分」という存在への意識がある。

それが人としての喜びも哀しみも生む。自らを一つの「主体」として客観的に認識し、自覚することができるからこその思考と感情がそこに生まれる。止まらない時の流れの中で、他者の集まりである社会に対しても、自分自身に対しても、一貫性を保ち続けねばならない理由ともなるのだ。昨日した約束を今日破るようでは、人としての「主体」性は社会からも疑われてしまうし、自分自身も裏切ることになってしまうだろう。ささやかな約束を他者とも自らとも交わすことによって、そこにある矜持という感覚を持つようになり、そこに人の尊厳も生まれる。

平明に表現するなら、矜持とは人が生きていく上で必要な誇りであり、尊厳とは他者が侵すことができないその人らしさと言えるだろう。「主体」が他者と関係を持つことで生まれる矜持、尊厳。どちらも、人間の想像力が生んだ、言わば虚構の概念だ。これらのかけがえのない人間的なものをどう守るか。それが自分を失わないことであり、「悪」へと退行しないことでもある。

「善」は私たちの存在を、自分たちの本質へと限りなく近づけるものであり、その一方「悪」は、存在と本質をどんどん引き離していくものだとフロムは結論づける。そして、「善」へと向かうエネルギーを増大させる前進のメカニズムを「成長のシンドローム」、「悪」

へと向かうエネルギーを増大させる後退のメカニズムを「衰退のシンドローム」とも名づけている。
人間存在の条件そのものに根差す矛盾を解決しようとする、その過程こそが生きるということだ。フロムもまた、想像力という虚構の中で、ある覚悟を持つことの重要性を説く。

日常と非日常を超える抽象的な実験

こうして、寺山、フロムの言葉を引きつつ、夢見る人間の性と向き合う作法について考えてみたわけだが、先の対談で柄谷が寺山の言葉にどう応じたかについても触れよう。〝中断〟の精神の延長線上で演劇についても「アンチ・パフォーマンス」を目指し、「どのくらいまで演劇が従来の固定した演劇観から逸脱しつつ、なお演劇でありうるかってことに興味がある」と語った寺山に、柄谷は言う。

いまのお話をうかがっていると、抽象的な実験のように感じますね。抽象的というのは、いい意味で言っているんですけれどもね。というのは、抽象としてしか存在しないような現実性があると思うんですね。

（「ツリーと構想力——寺山修司」『柄谷行人対話篇Ⅰ 1970-83』）

また別のところでも。

もう一度実在的な経験的なレベルに戻っていくことではなくて、いわば「劇場」でも「現実」でもない領域に降りていく、抽象的な実験のような気がするんです。いままでの演劇的な実験というと、現実的な出来事をもってきたでしょう。そうじゃなくて、演劇的なシステムに対して、そのもっと根元的なシステムを考えるという意味での、抽象的な実験のような気がしますね、寺山さんの言われていることは。（同書）

「抽象的な実験」という表現を連発する。虚構と現実という二項対立に囚われず、「根元的なシステムを考える」という意味がそこにあると主張するのだ。

この対談のタイトルは「ツリーと構想力」だ。

現実的なものは、演劇的に、あるいは役割的に考えられるけれども、それはいつもツリーの構造をしているんじゃないでしょうか。だから**劇場に対して現実をもってくるのは、同じ構造を対応させている**ような気がする。（中略）

だから、先ほど抽象的と言ったのは現実に対立させて言ったのではなく、現実的なものというのがむしろツリー的な構造のもので、寺山さんの言うような意味での演劇概念を広げていくということは、**演劇のツリー構造も現実のツリー構造も、あわせて解体させる実験**のような気がするんですけどね。（同書　太字引用者）

僕らは、ともすれば虚構の中にも、あるいは想像力の世界の中にすらも、ツリーという現実の秩序の構造を持ち込んでしまうのではないか？　というわけだ。そしてだからこそ、「抽象的な実験」の精神で、安易に「虚構」を「現実」の対照物と考えてはいけない、と。この柄谷の感受性に、現代を生きる上でのヒントを感じとる。夢か現か、現実と虚構が錯綜する時代ゆえに迫ってくる発想の芽があるように思う。

そしてさらに面白いのは、その逸脱の実験の為にも、抽象的な理論が必要だという話が、最後に出てくるところだ。むしろ「虚構」の中にも理論を打ち立ててみることで、手垢のついた「現実」からも、逃げ込む対象としての「虚構」からも脱出できる可能性を見るのだ。

書くという行為はいつもそれ自体ツリーになるから、それを同時にくつがえすという意識的な作業にならざるをえないところにいると思うんですけどね。（同書）

この寺山との対談は一九八〇年のものだが、柄谷のその後の思考も、ベースにある感受性においては現在までまったく変わっていないように感じる。一見、逆説的な思考を抽象度の高い理論として展開することで、物ごとの原点を掘り崩す。歩き続ける為に、足場を点検し続けることをやめない。

三角構造の逆説

最近、偶然、柄谷のほぼデビュー作と言い得る一九六六年「東京大学新聞」に掲載された文章を読んだ。当時文壇、論壇で注目を浴びていた、三島由紀夫、江藤淳、吉本隆明という気鋭の表現者三人をそれぞれ論評した果てに、「エピローグ」で明快に位置づける。

最近「私の文学」というエッセイを読み、そこで「芸術家」三島が、思想の伝達力に対して羨望を示しているのをみて興味を覚えたが、これはおそらく吉本を念頭においてのことに違いない。他者を殆ど拒絶しながら、思想の「共同性」によって生きのびる思想力に対して、三島は芸術には思想の持つような「共同性」(フォルム)がない、とかこつ。しかし勿論彼は羨望する必要などないのだ。「顔が思想をつくるのだ」という「明断」から発せられた批評は、必ず吉本や江藤の肺腑をえぐってしまうのであり、「明晰」によって相対化されぬ思想などはあり得ない。しかし三島の「明晰」は、江藤から見れば「青年」かまたは「老年」の論理であって、決して「成熟」しえないものである。三島の「青春否定」は、青春の共犯的反省にすぎないので、一般に精密なる自己分析だけによって人は成熟することはない。

だがさらに江藤淳の論理は平面的であり、「関係の絶対性」を見ないものであるが故に、そこからは決して超越的な変革は生れてくることがない、と吉本はいいうる。一方、「幻想」による垂直的な「幻想」の超克によってのみ可能な変革、つまり「狂気」の論理（たとえ還相があるにせよ）に対して、江藤淳はつねに平面的な「成熟」と「ヒューモア」の地点から相対化しうる資格をもつ。

けれども実際は、彼らは殆ど自己の欠落を残る二者に見出すことによって互いに寛大である。それは政治的駆引などではない。批評とはとりもなおさず自己批評に他ならないので、最も鋭い対立感の真裏に寛容が生れてくるという逆説がここにある。

（「思想はいかに可能か」『柄谷行人の初期思想』）

三島の「明晰」、江藤の「成熟」、吉本の「狂気」。まるでジャンケンのような三角構造の理論を打ち立てる。まさに「抽象的な実験」だ。こうして三者の明快な記号化が成され、その関係性にある相互了解を「逆説」として取り出すのだ。そのことによって、そこまで自己の拠って立つ場所を自覚できているか、表現者たちに迫る。柄谷にとっての批評が持つ意味は、構造化によって形而上の存在の逆説を導き出すことにある。デビュー当時から変わらない思考の論理だが、「現実」主義を標榜することで、むしろ「幻影」に逃げ込む人々が増えているようにも見える時代に響く。

最後に柄谷もまた、こう締めくくるのだ。

だれも一人でこの三極を所有することは出来ない。それは神のようになることであり、つまりは自己幻影に酔うことである。だから、最後に大切な問いが一つだけ残っている、「自分は何者か」という問いが。（同書）

問われる矜持。

日常と非日常のハザマにあってまどろむ中、問われていたのは、覚悟だった。

12章 「映像」と「言葉」のハザマで

「形而上の存在の逆説を導き出す」映像の可能性とは?

前章の最後で、若き日の柄谷行人による、三島、江藤、吉本という当時の「気鋭の表現者」三人が拠って立つところの「構造分析」へと辿り着いた。その際、柄谷にとって批評が持つ意味は、「形而上の存在の逆説を導き出すことにある」と措定してみたわけだが、その後、ちょっと面白いことに気がついた。「批評」を「映像」に入れ替えれば、僕自身が日頃制作で試みようとしている思いにも重なるからだ。「形而上の存在の逆説を導き出す」ことに、映像という表現こそ、長けている。強固に組み立てられた観念は、映像の中にあっては、いつもユラユラと揺れているように感じられる。

些末、卑俗、よしなしごと……、「本題」ではない、様々なディテールが映り込み、現場のノイズも併せてもたらされることになる映像表現にあっては、ある意味「本質主義」は機能しない。制作側が仮にいくら一糸乱れぬ統率の下に構築的であろうとしても、その意図から外れたメッセージを見る人が勝手に読み取ることも多々生まれる。それは、形而上で組み立てられた概念の反転を時にもたらす。つまり、作り手、受け手、双方にとって、既存のイメージが新たなイメージで塗り替えられていく過程ともなるということだ。様々な「映り込み」が意味のコードを攪乱させ、ある種の「構築主義」や「設計主義」が仮にあったとしても自壊していく。思考が横滑りし、散逸していくような感覚がそこにある。平たい言葉で端的に言おう。テレビは、常に予定調和から逃れ、発見の装置としてあることに大きな一つの価値があると思うのだ。誰が何を見出し、どう感じても良い、風通しの良さ。ここに健全な自由さがある。

観念や概念が先行して視界を狭めることへの違和感。それは、僕自身の成長の過程での経験から生まれたものなのか? 持って生まれた気質なのか? いずれにせよ、制度的、権威的であることから限りなく遠いところに、映像という表現はある。だが同時に、たとえば「教養番組」として何らかの事実、考察、分析なども併せて伝える時、そこに当然、ある価値基準に照らして論理的である姿勢も求められることも、みなさんご存知の通りだ。

こうして、映像と言葉のハザマは、総合と分析、感情と論理の綱引きだと、シンプルな二元論を唱えてみてもよいのだが、実際の現場で試行錯誤する者の実感としては、事態はもう少し複雑だ。映像という媒体に向き合い、構成、編集という論理を持ち込もうとする時、そこには、時間の要素を伴う流動性もつきまとう。映像と言葉という二元論の設定自体が実はこの形而上の概念の話であって、映像という装置を使って表現している時点で、もうその場のすべてはユラユラとしているのだ。言わば分母が映像で、分子に映像と言葉があるような分数とでも言えば良いのか。この四〇年近く映像制作に関わっていて、映像という流動性に満ちた液状の土俵で相撲をとるような奇妙な感覚は、いつも抜けることがない。

その意味では、映像の構成という作業に、出来立てほやほやのプリンを、冷めないうちにバランスよく型取りするようなイメージを持っていると言ったら伝わるだろうか。肝心なのは、ユラユラしたままの全体を、こぼれてしまわないように一挙に受けとめ、スピード感を持って行うことだ。映し出された一つの対象は、様々な要素、属性が孕まれ、メタファーを発散する、解釈の可能性の塊だ。構成／編集の設計によって新たな意味が息づく。細部が全体に連動していく。多次元の論理が介在する連立方程式さながら、一挙に同時に解を出す感覚が大事になる。結果、生ものを扱う感覚が、思考の密度も決める。目指すは、緻密にして大胆な、早業の料理人だ。そしてそのことによって、新しい構図が開けてくると思うのだ。映像が直観を生み、直観が映像を生む瞬間である。

「自由で自然な心の流れ」が自ずから物語の構造を生む

映像と言葉のハザマにあって一連の構成を考える作業につきまとう思考の特殊性。そこにある構造化と逆説の発見。ツラツラと現場での実感を書き並べてみたわけだが、なんと七面倒臭いことをと、思われた方もいらっしゃるだろう。だが、ユラユラ、フワフワ、得体のしれないものが対象だからこそ、料理の為には支えとなる方法論が、やはり必要なのだと思う。それを考えるヒントとなる書にめぐりあったのは、十数年ほど前のことだ。かつて海外で企画開発や映像構成について講義する機会があり、そんな時は旅のカバンの中にいつも忍ばせていた。村上春樹がプリンストン大学滞在時に学生たちに講じていた「日本文学論」がベースとなった書だ。

僕がこれまでの段階で、日本の小説の中でいちばん心を惹かれたのは、第二次世界大戦後に文壇に登場した、いわゆる「第三の新人」と呼ばれている一群の作家たちでした。
（『若い読者のための短編小説案内』村上春樹）

「まずはじめに」でこんな風に宣言されて始まる書は、日本のある時代に人気を得た一群の作家、「第三の新人」たちの短編の中に仕組まれた物語の構造、意識の流れなどが、村上によって、平明な言葉で鮮やかに分析されていく。それは、当然のことながら、作家ならではの臨場感と説得力ある、物語を構築する方法論のレクチャーともなっている。スピード感を持って、多少粗削りでも意識の赴くままにドンドン言葉にすることを試せるのが短編小説を書く魅力と語った後に、村上はこう言う。

ひとつの場所を作って、用意して、アイデアなり情景なりにその中を自由に動き回らせてあげること。その自由さを作者自身も楽しむこと。それが短編小説を書く喜びであるわけです。そしてそのように書かれた作品は、自分で勝手にその落ち着き場所を見いだしていきます。落ち着くべきところに、結果的にうまく落ち着いてくれます。もっともいけないのは（もっともいけないと僕が考えるのは）、作者が「ひとつ巧い短編小説を書いてやろう」と、頭の中でまず物語を拵《こしら》えてしまうことです。そうすると、その短編小説は息苦しくなり、**自然な落ち着き場所**を失ってしまいます。（同書　太字引用者）

「自然な落ち着き場所」というのは言い得て妙だ。映像でも言語でも、物語構造というものは、作為と無作為の間のような意識の発動、躍動の過程からつかみ出されるものだ。村上は、それを「物語の自発性」と名づけ、「自由で自然な心の流れ」を見出すことが短編小説を読む時に（もちろん書く時にも）大事だという話になる。あるいは、言い換えるなら、「自由で自然な心の流れ」が、自ずから物語の構造を生むということもできるだろう。

この「アイデア」や「情景」と「落ち着き場所」との関係は、映像と言葉の制作にあっては、一つのショットとそれらが有機的につながる物語構造との関係性に、そのままパラフレーズできる。作り手が、自由な精神を躍動させて、フラグメントをつなげていく過程で、自ずから編集の論理が生まれ、添わせる言葉が生まれ、そこにまた自ずから全体としての構造、テイストも定まっていくのだ。

もちろん映像制作は、一人で完結する短編小説に比べれば、多くの人々がその過程に関わる分だけ、その偶発性も含めた解釈の幅を豊かさに変えていく技術、方法論にも意識的であらねばならないと言える。だが、村上の論考を丁寧に読んでいけば、一つの短編小説という「場所」を生む過程も、実は、様々な他者性に満ちた思考と価値観の交錯が成される場だと気づくはずだ。私小説という、自らの心の底に降りてその暗部を覗きこむような仕事も、その徹底した観察と考察による構造化によって普遍的な問題を見出す過程である、と。その意味において、創造的な思考実験の場として、同じ意識の流れをそこに見出すのだ。僕の引用で知ったハルキ・ムラカミの着想に、海外の多くの映像制作者たちも良い刺激を受けてくれていたようだった。

「日本的文脈」から逃れ出る為の「劣等生」たちの「したたかな」戦略

映像制作も短編小説も、創造に向かう意識の持ち方は一緒、というわけだが、さらにもう一つ、村上は作者自身の立ち位置を、自我（エゴ）と自己（セルフ）の関係として、物語の中の構図に置くことで、様々な作品の解析を試みる。この場合の「自我」も「自己」もその使用法は村上独自のもので学術的な定義とは異なるとの本人の注釈付きだが、この二つの概念が拮抗するように「心の力学」として図に表される。その図に基づき、物語の流れに即して作者の「自我」と「自己」との関係が力学としてどのように変容していくかが、ベクトル解析を見るかのように丁寧に説かれるのだ。たとえば、洒脱な都会派で鳴る吉行淳之介なども、『水の畔《ほと》り』というあまり知られていない作品を通して、その表現の中に隠された顔が明らかにされていく。

一見したところたしかに洗練されているようには見えるけれど、よくよく読んでみると、それは往々にしてごつごつしていて、ぎこちなく、場合によっては下手くそでさえある(もちろん僕はけなして言っているのではありません。逆にそこが素晴らしいのだと言っているのです)。僕らをひきつける吉行文学の魅力というのは、都会的とか洗練性とかいったものよりはむしろ、彼の逃げ方の頑固な一貫性(consistency)や、その意外なほどの確犯的たくましさの中にあるのではないでしょうか。(同書)

村上がここで「彼の逃げ方」と表現しているのは、吉行文学の特色を「旧来の私小説的な意味での自我とのナマのかたちでの対決を、意識的に避けてずらせていく」ことを小説の大事な根幹と見出した上でのことだ。洒脱、軽薄、都会、技巧……、様々な記号を世に振り撒き、ある時代の「文壇的ダンディズム」を表象するかのような軽やかさを面目躍如としていた作家の陰にある、不器用で頑固なまでの顔。

実はこの辺りの読み解きなど、僕もかねてより感じていた吉行像と重なるものがあり、我が意を得たりという気分にもなる描写だが、このように村上による短編小説読解の醍醐味は、作品の構造分析にとどまらず、作者の人間性、精神性へと入っていくところにある。それも、仰々しく声高に語ろうとするのではなく、いつの間にかするりと、敵の懐に入ってい る感じなのだ。敵と言うより、シンパシーを感じる対象だからこそ、無理なく内側に入っている印象なのは言うまでもないが。

こうして吉行始め、小島信夫、安岡章太郎らの作品が論じられたのちに、そもそもこの「第三の新人」と位置づけられた作家たちのメンタリティについても語られる。

第三の新人が世に出てきたときに、文壇の主流は「こんな私小説的な小市民的な、身近な狭い世界しか描けない作家たちは、早晩どこかに消えていくだろう」と、彼らのことを軽んじるわけですが、どうしてそんなに甘くはない。彼らは彼らなりに**したたかであり、二枚腰的に戦略的**でもあった。その中でも、安岡章太郎はいちばんの「確信犯」であったと言っていいでしょう。もちろんこれは褒めて言っているわけですが。

安岡章太郎ほどには顕著ではないが、吉行淳之介にも小島信夫にも、そのような「ドンガラだけ持ってくる」傾向は認められると思います。第一次、第二次戦後派と一般に呼ばれる一群の作家たちのいささか**重苦しい構築性**、**意識性を逃れるためにも**、**もっと自分の背丈にあった私小説の入れ物**をよそから持ってきて、それにうまく、ヤドカリ的に自分をあてはめていったわけです。僕はあるいは、彼らのそのような**クレバーな**、**そして諧謔的な部分**に心を惹かれているのかもしれません（多くの場合、人は醒めた賢い目と、洗練されたユーモアの感覚なしには、己れのほんとうの背丈を知ることはできないからです）。それはたしかに、当時の文学のひとつの新しい流れであったと思うのです。（同書　太字引用者）

「第三の新人」たちの「したたかさ」。「クレバーな」「諧謔的な部分」。あらゆる創造の場にあって、自己批評を孕んだ刃は、読者や視聴者との大事な回路だ。「外」に向けられた眼差しは、返す刀で「内」にも向けられてこそ、表現には奥行きが生まれる。実際、吉行も安岡もエッセイでは、あえて「軽薄のすすめ」「なまけものの思想」といった人を食ったタイトルで人々を脱力させる。純文学の「高尚さ」から身をズラすような仕種を、メディアでも飄々と垣間見せた姿が記憶に残る。一九五〇年代半ば、第一次、第二次戦後派の後に文壇で見出されたが、すぐその後の石原慎太郎らの華やかなスターの登場で、一時存在感を失ったとされる「第三の新人」。もともとそのテーマ、作風からも劣等生の文学といったイメージがそこにはつきまとっていた。しかし、村上の解説通り、彼らは「したたか」だったのである。

このさらりと書かれた「第三の新人」の戦略、精神のあり方への分析は、戦後日本社会の底流にあった空気、その思想の風土を考える際に実はかなり重要ではないかと感じる。彼らに浴びせられた世間からの眼差し。そのありようを社会風俗的には面白がりながらも、文化のありようとしてはどこか劣位に置く大衆のメンタリティ。「本格派」の文学に比して「サブカルチャー」と位置づけられる空気もあったであろうことは、想像に難くない。それは、どこか戦後日本にあって無意識に形成されていた価値観であり、時代の文脈という構図にもつながっているのではないか。サブカルチャー的にも複眼的に捉えねば、この国の戦後の空気の変遷の実相が見えてこない所以でもある。

軽いも重いも、軽薄も重厚も、少し目を凝らせば、反転する。こうした「軽み」が、ある社会、ある時代を表現者として真摯に生きようとした人々に必要であったことが、日本の戦後社会の奇妙な陰画のように感じられる。

「言語」による精神活動　その支配力を恐れ続けた安部公房

さて、戦後日本の通奏低音のようになっていた通念や思潮、大衆の意識の底にあるものを見据えて、あえて逆手にとる。そんなたくらみを、村上は「第三の新人」たちのスタイルに見て取ったとも言えるわけだが、第三の新人や村上たちのような柔和なスタイルではなく、もっとバッサリと日本社会の底にある湿り気を暴き、理知的なナイフで切り裂くかのような男の言葉も紹介しよう。安部公房だ。先の村上の書ともう一冊、海外のディレクターたちと対話する旅の相棒となっていたのが、安部のエッセイ集『砂漠の思想』だった。

映像と言葉の関係性をめぐって、真正面からのこんな論考もある。

映像の価値は、なにも言語と対等であることで保証されるものではない。むしろ、一切の言語的要素――抽象による安定や普遍化、意味づけ、伝達、解釈、連想、その他――と**拮抗《きっこう》して、破壊的に作用する**ところにこそ、その存在理由を見出すべきではなかろうか。（中略）**あらゆるものに接して、間髪《かんはつ》をいれず、言語運動をひきおこし、それを屈服させようとするのが、人間の精神活動**なのである。夢でさえ、それが言語による再構成であると言われているくらいだ。

（「映像は言語の壁を破壊するか」『砂漠の思想』安部公房　太字引用者）

映像の力を過信してはいけない。むしろ大前提として、言語の体系においてこの世を捉えているのが人間ではないかという、フロイトを連想させるような強い断定で、言語の支配力の凄まじさを語る安部。その上で、こう言う。

映像の価値は、映像自体にあるのではない。既成の言語体系に挑戦し、言語に強い刺戟をあたえて、それを活性化するところにあるのだ。（同書　太字引用者）

安部によって説かれる、映像と言葉のハザマにあって然るべき、緊張関係。確かに、映像の可能性への安易な称揚は、むしろ言葉によるイメージ支配の力を強めることへとつながり、映像を単に言語の補完物へと貶めてしまう結果にしかならないのかもしれない。それは、デジタル化が進行する時代にアナログの感受性を肯定的に語ることに似た構図になりかねない。デジタルと、その網の目を抜け落ちたアナログ、その関係性が相対的なものである間は相互補完的だ。徹底的にデジタルを突き詰めた果てに、それでも回収できないものこそがアナログの可能性だ。安部は言わば同じロジックで、言語の力の臨界点まで感じようとし、その力が尽きた向こう側に映像の力を見出そうとするのだ。言葉を駆使して表現の限界まで研ぎ澄まそうとする作家として、ある意味、当然の認識なのかもしれない。

「リアリズム」の追求が「観念」を超える時

安部によって、人々の意識を規定する上で圧倒的な優位性を持つと認識される言語という存在。その言葉が、いつの間にか社会に巣くい、人々の意識を規定してしまう状況を、淡々と描写する。

> 外界は、記号としてしか存在しない。**言葉は、外界を抽象して把握《はあく》する道具としてではなく、盲人をまねく鈴の音にしかすぎなくなる。**外界から命令をつたえてくる電話機だと考えてもいい。封建的な社会において、言語がとくに命令の道具として発達したことは、よく言われていることである。民衆は、暗黒の部屋の中で、電話による指令のままに、限られた行動をする以外になかった。**秩序とは、外界を虚無と考えること**である。その受動性から生れる文化とは、要するに常識系の洗練と複雑化にほかならない。
>
> （「ヘビについて　I」『砂漠の思想』安部公房　太字引用者）

「秩序とは、外界を虚無と考えること」。言語が究極的に記号としてしか機能しない世界が抽象的に提示される。だが話はここで終わらない。これだけ強調される言葉の支配力は、強固に見えて、時にいともあっさりと反転すると言う。

意識は常識系の部屋に安住《あんじゅう》していても、肉体はつねに外界にさらされているのが人間であり、**電話の命令が肉体と外界の関係を調節しえなくなって、肉体が意識に常識系の部屋を出ることを要求しはじめたとき、意識の革命がおこる。**この革命性——本来人間にそなわった機能——が進歩とよばれるのだ。そのとき人は、外界が虚無ではないことを発見し、それどころか無限に豊富な現実を見て、大きな、そして楽天的な戦慄《せんりつ》に目を見開く。（中略）外界を変革する対象として見ることで、虚無から創造する肯定的な明るさを知ることができる。いや、そんな文学的な言いまわしはよそう。**虚無などというものははじめから存在しなかった。要するに常識系の壁にすぎなかった**のだ。（同書　太字引用者）

かくして、肉体の生理によって、「意識の革命」がそこに生まれると言う。「虚無などというものははじめから存在しなかった」という、安部作品に通底するとも言うべき、常識の反転、日常的な秩序の崩壊というテーマが語られるのである。「当たり前」が当たり前ではないことが世の中にはいくらでもあり得ること、「当たり前」に見えていたのは思い込んでいただけ……。おかしみをもって読者の不安をかき立て、今見えていると思い込んでいる「現実」の儚さを浮かび上がらせるのは、安部が面目躍如とするところだ。

こうしてあっけらかんと創作の背後にある発想法を明らかにする安部は、そのシュールな作風を世に印象付けた芥川賞受賞作、「壁—S・カルマ氏の犯罪」をめぐっては、こんな風に語っている。

私自身について言っても、観念作家などと言われているが、自分では自然主義風の作品を書く人々などより、はるかにつっこんで**リアリズムを追求しているつ**もりなのである。

（「S・カルマ氏の素姓」『砂漠の思想』安部公房　太字引用者）

リアリズムの追求で、観念を超える。スリリングな宣言だと思う。ある方法論の徹底によって、倒錯的な視野が生まれるのも、創造行為の醍醐味だ。たとえば、ある一つの風景、ある一つの瞬間が、映像の構成の中で繰り返し現れ、最終的にはそのカットが以前とは異なる新たな意味をまとって浮かび上がる時など、映像作品として成就し一つの形となったということになるのだろう。そしてその時、制作者に求められるのは、中途半端なメタファーに技巧を凝らして逃げるのではなく、現実に向き合おうとする無骨な精神ということになるのかもしれない。村上が吉行に見出した、「頑固な一貫性（consistency）」と一緒だ。

村上春樹に安部公房。映像制作という「映像と言葉をめぐる冒険」において、思考の補助線ともなるべき方法論を提示してくれていると僕が感じる二人の作家に共通する姿勢は、総じて、ゴツゴツとした、リアリズムの追求だと言いうるのかもしれない。それは、それぞれ「自分の精神や身体をひとつの実験室《ラボラトリ》」（村上春樹）として、「砂漠の旅行者」（安部公房）としてと、自ら表現するような、精神の旅だ。それ相応の覚悟がいる話だが、こうした意識や認識の冒険を行い、一筋縄ではいかない構造の中で、反転、逆説、そして発見を行う為には、観念とリアリズムのハザマで、真摯に自らに向き合い続けるしかない。

鳥が囀りを習うように二元論を超えて　生きるレッスンは続く

さて、映像で言葉で、時代に向き合う中で生まれる個人の想いと思考を形にするという趣旨で始まった論考だが、本章が最終章だ。抽象度の高い、空理空論に呆れられた向きもあるかもしれない。僕個人としては、抽象や具象といった二元論の構図自体からズレて想念の世界を漂いつつも、そこに確かな感覚、リアルな思考の手触りを感じていた。その一端でも目にしてくれた方に届き、一縷の発想のヒントとでもなってくれれば幸せだ。思いがけない形で、思考は発火する。

1章で、哲学者・大森荘蔵と坂本龍一の対談集をたまたま読んだ興奮が映像の道に入るきっかけを作ってくれた話に触れた。そんな偶然からスタートした、映像と言葉のハザマで考え続ける、表現という真摯な戯れの世界。難解で鳴る大森哲学だが、比較的平易にその核心を言葉にしているところがある。

国語は「言葉」ではない。いかに声振るか、いかに相手の声振りによって動かされるか、の慣習である。その慣習に従って声振り、それに従って触れられる、その行為が「言葉」なのである。文字でしるされたものは、言葉使いそのものではなく、その楽譜でしかありえない。だから、**慣習である国語を文字だけで書きしるすことはできない。**

（「ことだま論」『大森荘蔵セレクション』大森荘蔵 Kindle版 太字引用者）

僕らの世界の意思疎通の本質は、慣習にある。それは言葉単体でもなければ、記された文字でもない。

「声振り」を、音声まで含めて、その様子を記録することができるのは、映像だ。慣習による人間の行為が、総体として行われる時、その場に繰り広げられる瞬間を映し出すこと。それが可能なのは、映像だ。

　形而上の存在の逆説が、そこに露わになる。


　既知の文字で未知の文字を説明することはできる（辞書）。しかし、或る範囲の語や命題や表現は声振りの実演、すなわち行為によって習得される以外にはない。それは**歌を習い、ピアノを習い、運転を習い、また鳥が囀《さえず》りを習うように、行為によってのみ習得される**のである。（同書　太字引用者）

　すべては、行為という、生きられる過程にある。

　生きよ、その時を。

　その瞬間、心も物も、主体も客体も、連続し同一化し、映像と言葉のハザマも自ずから埋まっていく。そこに行為があり、表現があり、映像や言葉を紡ぐ喜びもあるのだ。

　大森と言えば、物心二元論を批判して生まれた、「立ち現われ一元論」ということになるのだが、以下の文章にその原点が平易に説かれている。


　要するに、聞き手の側からすれば、言葉の意味の了解なるものは実は、話し手の声振りに触れられて動かされること、叙述の場合であれば、或る「もの」「こと」が或る仕方で訓練によって立ち現われること、じかに立ち現われること、に他ならない。そこに**「意味」とか「表象」とか「心的過程」とかの仲介者、中継者が介入する余地はない**のである。すなわち、**言葉（声振り）がじかに「もの」や「こと」を立ち現わしめる**のである。（同書　太字引用者）

すべてが、今そこに生きていることの「立ち現われ」となり、その瞬間、意味も表象も消える。映像も言葉も捨てるべき梯子となる、のだろう。

すべてがつながる。

その一瞬を噛みしめて、僕は再び、映像と言葉のハザマに帰っていく。

また訪れる、一瞬の至福の時を垣間見ようとして。

初出　「群像」２０２３年10月号～２０２４年9月号
単行本化に際し、加筆、修正いたしました。

装幀＝川名潤

丸山俊一（まるやま・しゅんいち）

1962年長野県松本市生まれ。近代経済学からマルクス経済学、現代思想からサブカルチャーまで様々な領域を幅広く吸収し、慶應義塾大学経済学部を卒業後、NHK入局。「欲望の資本主義」「世界サブカルチャー史欲望の系譜」「欲望の時代の哲学」などの「欲望」シリーズのほか、「ネコメンタリー猫も、杓子も。」「地球タクシー」などをプロデュース。過去に「英語でしゃべらナイト」「爆笑問題のニッポンの教養」「ソクラテスの人事」「仕事ハッケン伝」「ニッポン戦後サブカルチャー史」「ニッポンのジレンマ」「人間ってナンだ？超AI入門」ほか数多くの教養エンターテインメント、ドキュメントを開発。時代の潮流を捉えた異色の教養番組を企画、制作し続ける。現在、NHKエンタープライズ　社会文化部エグゼクティブ・プロデューサー。立教大学大学院社会デザイン研究科特任教授、東京藝術大学客員教授も務める。著書に『14歳からの資本主義』『14歳からの個人主義』『働く悩みは「経済学」で答えが見つかる』『すべての仕事は「肯定」から始まる』『結論は出さなくていい』などがある。

ハザマの思考《しこう》
なぜ世界はニッポンのサブカルチャーに惹きつけられるのか

２０２５年１月28日　第１刷発行

著者　丸山俊一《まるやましゅんいち》

発行者　篠木和久

発行所　株式会社講談社
〒１１２－８００１
東京都文京区音羽２－12－21
電話　出版　０３－５３９５－３５０４
販売　０３－５３９５－５８１７
業務　０３－５３９５－３６１５

印刷所　ＴＯＰＰＡＮ株式会社

製本所　株式会社国宝社

KODANSHA

Printed in Japan, ISBN 978-4-06-538139-7